主编 / 指文号角工作室

海战事典

MOOK

▶002

修订版

关注海域局势·了解海战历史·传承海洋文化

吉林文史出版社

JILINWENSHICHUBANSHE

图书在版编目（CIP）数据

海战事典. 2 / 指文号角工作室主编. –– 长春：吉林
文史出版社, 2016.2
ISBN 978-7-5472-3015-2

Ⅰ.①海… Ⅱ.①指… ②中… Ⅲ.①海战－战争史
－世界－通俗读物 Ⅳ.①E19-49

中国版本图书馆CIP数据核字(2016)第026975号

HAIZHAN SHIDIAN

海战事典·2（修订版）

主编 / 指文号角工作室
责任编辑 / 吴枫　特约编辑 / 王菁　曾巧
装帧设计 / 杨静思
策划制作 / 指文图书　出版发行 / 吉林文史出版社
地址 / 长春市人民大街 4646 号　邮编 / 130021
电话 / 0431-86037503　传真 / 0431-86037589
印刷 / 重庆大正印务有限公司
版次 / 2019 年 1 月第 3 版　2019 年 1 月第 1 次印刷
开本 / 787mm×1092mm　1/16
印张 / 14　字数 /194 千
书号 / ISBN 978-7-5472-3015-2
定价 / 79.80 元

海洋，人类光荣与梦想的战场。从不列颠到美利坚，一个个大国一次次不停验证着"谁拥有海洋，谁就拥有整个世界"这个真理。21世纪是海洋的世纪，我们正在积极发展海上贸易、维护海上权益。因此，了解海上战争的历史，洞悉海上博弈的玄机变得十分必要。《海战事典》是军迷们了解海战及海洋军事文化的宝典，希望该系列读物能够刊载更多精彩文章，展现海洋文化的魅力。

——军事科普作家，江泓

作为新中国第一代人民海军军官后代的我，从小生活在著名的军港小城——旅顺口。这里的每一处遗迹都是海上战争为这座小城铭刻的深深印记，它们牵动人们对这个国家、这个民族关于海洋意识与海洋权益的深刻思考。前事不忘，后事之师，每一个中国人都不会也不该再次忽视海洋。但如何才能真正汲取历史的教训，又如何才能探寻到一条正确的深蓝之路？我相信，《海战事典》这本看上去很普通的书，一定会成为一扇打开历史记忆的窗，一座连通过去与未来的桥梁，人们可以通过它，找寻到自己的答案。

——中国海军史研究者，张义军（旅顺口）

一个拥有漫长海岸线的国家必须要对海洋投以足够的关注，曾在海洋上发生的交流、冲突和战斗恰恰是对历史经验的一次次总结，它们从未随涛浪平息，而是形成并发展成为中华民族海洋意识觉醒的基石。《海战事典》正是一本海洋历史的索引，是一个了解海上往事的渠道。

——海军史、海军舰船研究者，顾伟欣

"无海权如人无手足"。古往今来，为了将主权延伸至海洋，以获得更多的控制力，很多国家都建立了强大的海军，他们既谱写过壮丽的海战诗篇，也创造过传奇的海洋故事。《海战事典》正如沧海拾珠，将这一段段精彩的历史串联、汇集至一处，相信每一位读者在阅读后，都会大呼精彩过瘾。

——资深军事编辑，刘晓

即使21世纪已被广泛称为"信息的时代"，人类最普遍的定居场所及发展生产的地域仍然是各大洲的沿海地带，联结其间的繁忙海上航线仍然需要强大海军的护卫。《海战事典》为广大海军爱好者精彩描绘了历史中发生于海洋上之激烈搏杀，希望启发更多国人关心我国海洋权益之保护。

—— 指文《军鉴》工作室主编 潘越

目录

在德国海军从小到大、从弱到强的历史里,"齐格弗里德"级岸防铁甲舰既是亲历者,也是旁观者。大批合格的海军官兵从"齐格弗里德"级上走下,来到其他的新战舰上。它们的兢兢业业让我们发现了积沙成塔的力量。《神话战舰:德皇海军"齐格弗里德"级岸防铁甲舰》从"缘起""建造""技术指标""改进""历史"数方面细叙了这组以日耳曼神话史诗和传说命名的岸防铁甲舰,文中还穿插了一些命名的背景故事,图文荟呈,颇具浪漫气息。

在海洋权益冲突不断、海上航线异常繁忙的今天,海上护卫得到了越来越多的重视。根据《战时船舶史》的记载,二战期间日本损失了约 2400 艘商船,有多达六万余名船员遇难,遇难率竟高达 43%!究竟是什么原因导致日本商船遭遇如此惨重的损失?难道作为当时世界最强大海军之一的日本海军没为本国商船提供护航吗?《扶桑海路:二战日本海上护卫及船舶武备改造》记录了二战时期日本海上护卫力量从组建到终结的历史过程,并对其武备改造、经典战役进行了精当的讲解,相信能为您找到答案。

印巴战争是二战后南亚地区发生的一场较大规模局部战争,影响深远。《印度洋上的较量:印巴战争中的海军作战》将战斗过程描画得清晰又完整,语言细腻而生动。更增添了背景阅读,以充补文章未尽之处。

比阿克岛争夺战是太平洋战争中最重要的岛屿争夺战之一,战事反复数度,争夺惨烈非常。《玉碎比阿克:1944 年美日比阿克岛争夺战》延续上辑中的精彩,读来荡气回肠。

指文半月
2016 年 1 月

神话战舰

德皇海军"齐格弗里德"级岸防铁甲舰

作者：金孜虞

19世纪90年代是德国海军从近岸开始走向远洋的时代，作为这个时代的亲历者，有这样一些军舰见证着大洋舰队的兴衰。与它们的后辈相比，它们的火力并不强大，速度也不太迅捷，在整支大洋舰队中并不起眼，但他们确是德国海军走向远洋的开始。它们的存在也使得大洋舰队的大型军舰们可以不用顾虑本土海岸的安全，放心地走向大洋。有趣的是，与通常用地名或人名命名的其他德国军舰不同，它们的名字都来自日耳曼神话史诗和传说，这也给他们增添了上一丝浪漫的气息。

→∘ 缘起 ∘←

在故事一开始，我们先来认识一位已作古许久的先生：他的全名是格奥尔格·列奥·冯·卡普里维·德·卡莱拉·德·蒙特库库尼（Georg Leo von Caprivi de Caprera de Montecuccoli）。在担任海军首脑之前，卡普里维是一位陆军上将，他参加过普奥、普法和普丹战争，于1883年至1888年担任海军部长。当1883年卡普里维上将成为德国海军的最高领导之后，他与他的前任——同样来自陆军的阿尔布雷希特·冯·斯托施（Albrecht von Stosch）一样，将海岸防御列为海军工作的重点。当时的主流观点是，海军的新舰船必须能够在法俄同盟的优势海军下保卫好海岸线，使得陆军不会受到来自海岸侧翼的威胁。同时在卡普里维看来，大型且昂贵的远洋舰船不仅建造周期长，而且庞大的费用还会对陆军军费形成冲击。因此只能作为远期目标来发展。

当然，制约当时德国海军发展的更多因素在财政上。因此卡普里维虽说并不反对发展远洋海军，但在他的眼中，多快好省的鱼雷才是真正的宠儿。众所周知，鱼雷能破坏军舰水线以下的结构，以破坏浮力为手段击沉战舰。自从1877年鱼雷进入德国海军服役之后，鱼雷舰艇在纸面上的高性能和低造价成为了卡普里维海军上将及其幕僚心中的理想武器，他们对鱼雷舰艇的高估使得他们认为只要有了鱼雷艇，大型军舰就都是多余的。

大力发展鱼雷武器并非是卡普里维海军上将的原创，由于众所周知的原因，德国海军的历史并不悠久，最初就连领导也是来自陆军的军官。这导致了德国海军的"软件"缺乏症，在海军战略和海军学说上远落后于其他国家。卡普里维上将的这一套理论来自法国的"新学派"。法国"新学派"的这套理论曾在一段时间内流行，诞生原因是19世纪末期在面对三个假想敌（陆军面对德国，海军面对英国、意大利）时，

■ 作为德国海军最后一位出身陆军军官的海军司令，卡普里维是德国海军中承上启下的人物。

■ 法国海军"雷霆"号岸防铁甲舰。法国海军的主力一直位于地中海沿线，为了对抗英国海军强大的海峡舰队，法国海军从19世纪70年代开始研发了一系列岸防铁甲舰。

法国海军得不到足够的经费来建造一支传统的大海军，只能依靠新办法来维持战略平衡。一旦战争爆发，法国海军主力被布置在地中海上时，大量的巡洋舰可以在大西洋上开始破交作战，法国北部漫长的海岸线则能交给鱼雷艇和一大批岸防铁甲舰来保卫。与法国相比，当时的德国海军既缺乏巡洋舰，又缺乏海外殖民地。不过，德国人的拿来主义取来了法国人理念中岸防铁甲舰和鱼雷的组合。

众所周知，通过建造搭载大型火炮的小型战舰来保卫海岸的战术，在铁甲舰设计之初就诞生了，比如美国的浅水炮舰和英国的蚊炮船，都是这个思路的体现。法国人的思路则更进了一步：岸防铁甲舰将海岸防卫任务全数接过，这样就能将更多的巡洋舰和战列舰投放到公海上。而此时的德国尚未获得赫尔戈兰岛，保卫北海海岸线的任务并不轻松。因此，先建造岸防铁甲舰（Küstenpanzerschiff）不失为稳健之计。

➳ 建造 ↢

在卡普里维的蓝图里，新的铁甲舰必须拥有不错的武备和装甲带，并能够在鱼雷舰艇的帮助下战胜敌方海军的主力，击败小到鱼雷艇、大到战列舰的一切来犯目标，保护德国在北海和波罗的海的海岸，以及威廉皇帝运河。在当时的观念中，强势海军对于劣势海军的常用战略就是近岸封锁。随着工业化的不断加强，19世纪末期的德国日益依赖于从海外进口粮食和原材料。"齐格弗里德"级在设计之初就被赋予了破坏地方近岸封锁的任务。在达成这些要求的前提下，该舰的吃水必须较浅，可以在威廉皇帝运河以及注入大海的内河河口上航行。在计划中，总共需要建造10艘这种战舰，其中6艘被布置在北海保护数个河口，另外4艘驻扎在波罗的海。

岸防铁甲舰最初的设计方案于1885年完成，到1887年全部设计均已完成。到1889年春季，修改好的设计方案由位于基尔的日耳曼尼亚造船厂开始进行首舰的制造工作。之后的5艘同级舰于1888年至1894年由不同的造船厂着手建造。在 1892 年，基于原图纸的改进型方案得到了海军部的认可，又另外建造了两艘铁甲舰——"奥丁"号和"艾吉尔"号，这两艘铁甲舰都于 1896 年秋天建造完成。"齐格弗里德"级的平均成本在 580 万马克左右。与同时建造的"勃兰登堡"级铁甲舰相比，"齐格弗里德"级的成本比"勃兰登堡"级便宜了大约三分之二（后者平均约为 1600 万帝国马克）。在建造费用上，"齐格弗里德"级保持在了一个较低的水平上。不过，由于当年德国船厂的建造水平不同，每艘船的成本并不一致。最初的三艘都是在老牌民营船厂建造的，位于基尔的日耳曼尼亚造船厂和位于不莱梅的 AG 威悉河造船厂分别以 470 万马克的价格完成了订单，而后的五艘由三家历史较短的皇家造船厂（分别位于但泽、基尔、威廉港）完成，在这三家船厂完成的剩下五艘中，前三艘的平均造价为 530 万马克，最后两艘的价格为 650 万 ~660 万马克。增加的费用有不少花在了设备更新、船厂扩建和劳务费上。虽说如此，"齐格弗里德"级仍是这些船厂第一批建造的大型战舰，完成了这批船只的建造工作后，德国海军的造船能力也有了一个不小的提高。

■ "勃兰登堡"级铁甲舰的首舰"选帝侯弗里德里希·威廉"号。

➤ 技术指标 ←

"齐格弗里德"级水线长76米，整船全长79米，宽14.9米，水线高5.51米，标准排水量三千五百余吨。全船船体的主结构由纵横排列的钢架组成，全船被分为了8个水密舱，相邻两个舱进水仍能保持百分之六十的储备浮力。在一次改装之后，又多了一个水密隔舱。在舰上服役的官兵都表示"齐格弗里德"级的航海性能不错，舵效也较容易控制。不过，在高海况下"齐格弗里德"级一般达不到最高航速。全船按照编制，一般有20名军官和256名士兵来操作军舰。当战舰成为旗舰时，一般会增加6名军官和22名士兵。在军舰改进之后，原编制的数量可以加到20名军官和256名士兵。成为旗舰还能新增9名军官和34名士兵。

"齐格弗里德"级在推进系统上采用了两套三胀往复式蒸汽机，每台蒸汽机独立布置，并单独拥有一套主轴，通过主轴上的三叶螺旋桨推动舰船航行。每艘船都配备了8台军用水管锅炉。"齐格弗里德"级的航速各有不同，其中"贝奥武夫"号在海试中开到了15.1节的最高航速，"海姆达尔"号则只有14.6节。220吨的煤炭和石油为它们提供了能源，除此之外，每条船配备的3台发电机还能提供29万~26万千瓦的电力。"齐格弗里德"级的巡航能力为每10节1490海里。

"齐格弗里德"级的主要武器为3门240mm（9.4英寸）L/35炮。该舰的火炮布置非常奇特，三门火炮分别被安装在三个MPL C/88型炮塔中，其中两个被并列安装在了舰首，另一个炮塔则在船尾。在19世纪末期，舰首并联安装炮塔多用于巡洋舰，被用在主力舰上并不常见。从照片中我们可以清晰地看到，"齐格弗里德"级的两个流线型的炮塔犹如鱼的两个大眼睛一般，这也是该级舰的一大特征。这种火炮的布置模式虽然奇特，但效果还不错，每门炮在船的一侧都有着150°的射界，俯角为–4°，仰角25°，最大射程为13000米。每门炮备弹68发，射速约为每分钟2发，火炮使用的穿甲弹重量重140公斤（310磅）。

除了主炮外，"齐格弗里德"级使用了88毫米口径的火炮作为对付中小舰船的副炮。8门88毫米副炮被安装在左右两舷，总备弹1500发。其中首舰"齐格弗里德"级最初只有6门88毫米炮，在改装后火炮数量增加到了8门，备弹量也增加到2500发。88毫米炮能以590米每秒的初速发射重量为10kg的炮弹，火炮的射速大约为每分钟15发。除了88毫米火炮之外，"齐格弗里德"级也与当时的舰船一样，采用了机关炮作为近战的手段之一。

此外，"齐格弗里德"级还配备了4具350毫米口径的鱼雷发射管来担当绝杀武器。一根可旋转的鱼雷发射管被放置在船尾，另外两根被放置在船舷的两侧，第四根则被布置在船首，位于水线下方的冲角附近。全舰总共配备了10枚鱼雷。在改装之后，原来350mm口径的鱼雷发射管全部被新型的450mm鱼雷发射管取代，原本布置在水线、位于两侧和舰尾的鱼雷发射管被移到了水线下，舰首的鱼雷发射管则被留了下来，这几具发射管一共配备了11枚鱼雷。

作为典型的19世纪末期的军舰，"齐格弗里德"级的船艏采用了冲角艏，整船上层建筑采用了长桥楼式布局。三门主炮被布置在了第一层甲板上，第二层甲板紧挨着前主炮之后，分别布置着前舰桥、司令塔，以及最上层的操舵室和罗经舰桥。紧随其后的是主桅杆、烟囱和数个沿着中线排列的通风管，通风管后是后舰桥，布置着另一套磁罗经和操舵装置。在二层甲板的四周环绕布置着6艘救生艇和88毫米副炮。

"齐格弗里德"级的前三艘使用了复合钢，后三艘则采用了克虏伯渗碳钢。作为铁甲舰，"齐格弗里德"虽然体积较小，但仍拥有着一条厚度不等的主装甲带。主装甲带最厚的部分在船的中间部分，越靠近船首、船尾装甲带的厚度就越薄。在主装甲带的中间上部装甲厚度为240毫米，到了船首船尾只剩下140毫米。装甲带下部中央的装甲厚度为140毫米，延伸到舰首、舰尾后装甲厚度减至100毫米。在水平方向上，"齐格弗里德"级布置了一块厚度为30毫米的装甲甲板，"哈根"号和"海姆达尔"号被提高到50毫米。装甲指挥塔的顶部装甲厚度为30毫米，四周是厚度为80毫米的装甲，在"哈根"号和"海姆达尔"号上这个厚度被增加到160毫米。除装甲外，"齐格弗里德"级还配备了防鱼雷网。

■ 由胡戈·格拉夫创作的"齐格弗里德"号和"海姆达尔"岸防装甲舰并肩航行的油画。

→ 改进 ←

在进入海军服役几年之后，"齐格弗里德"级在使用中暴露出了不少的问题，其中最突出的在于煤仓的设计容量太小，使其续航能力有限。特别是1897年提尔皮茨成为海军大臣之后，急切希望提高海军远洋战斗力的他开始在现有舰船上挖潜。当时，第一次舰队法案提出不久，德国海军只有4艘"勃兰登堡"级战列舰在服役，5艘"弗里德里希三世"级战列舰仍旧在建造之中。在提尔皮茨看来，"齐格弗里德"级可以被编入战列舰队作为新式战列舰建成之前的补充，直到全新设计的远洋战列舰服役。海军经过研究，决定通过在舰体内部插入一段舰体来延长军舰的全长，在当时这种技术还是第一次被应用在军舰上。位于但泽和基尔的海军造船厂接手了这项任务，每艘舰的转换成本为230万帝国马克，大概相当于造新船成本的三分之一，这次动静不小的改进赋予了"齐格弗里德"级一定的远洋能力。"齐格弗里德"级的改进一般有如下几项：增加了一截舰体，使全长从79米增加到86.15米；换装了新式锅炉和发电机，增加了一根烟囱；拆去37毫米速射炮，增加了88毫米速射炮的数量以及燃煤的载重量；原本的装甲也换成了克虏伯渗碳钢装甲。在完成改进后，"齐格弗里德"级的外形焕然一新，船的最大速度和续航能力有了显著增加。煤仓从原本两百余吨的储量增加到了五百余吨，巡航能力提高到每10节1940海里。

■ "弗里德里希三世"级
战列舰"巴巴罗萨"号。

↠ 历史 ↞

"齐格弗里德"号（SMS Siegfried）

　　首舰"齐格弗里德"号的建造代号为"新型铁甲舰O"，由位于基尔的日耳曼尼亚造船厂建造。建造资金来自海军的1887年年度预算。1888年，该舰开工。1889年8月10日，"齐格弗里德"号完成下水。随后于1890年4月19日完成最后的建造工作。当时的德国海军波罗的海舰队司令爱德华·克诺尔将其命名为"齐格弗里德"号。其巡航能力提高到每10节1940海里。

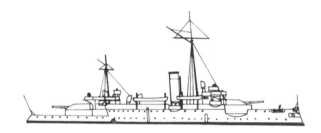

■ "齐格弗里德"号侧视图。

■ 反映齐格弗里德屠龙故事的插画。

　　齐格弗里德是中世纪中古高地德语史诗《尼伯龙根之歌》的英雄，完成了夺得隐身盔杀死巨龙法夫纳的传奇业绩，也是瓦格纳歌剧《尼伯龙根指环》的主角。在传说中，齐格弗里德被哈根从背后刺死，这也成了德国历史文化的著名典故。一战后著名的"背后一刀说"也来自于此。

　　1890年4月29日后，"齐格弗里德"离开船厂开始海试，第一阶段的海试于同年10月3日结束，直到1891年4月16日才重新开始海试。海试的工作于当年6月完成。6月10日，"齐格弗里德"号正式进入现役，它被部署到了威廉港，作为保卫该港的舰船。
1892年3月18日，"齐格弗里德"号的主蒸汽管道爆裂致使5名水兵死亡，
修理工作持续到了当年6月，在此期间"贝奥武夫"号暂时接替了"齐格弗
里德"号的任务。

■ "齐格弗里德"号的水线图，可见水下鱼雷发射管。

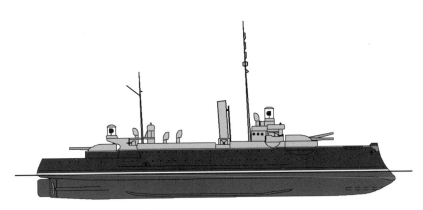

■ "齐格弗里德"号的涂装示意图。

完成修理工作之后，"齐格弗里德"号作为皇家游艇的护卫舰，伴随德皇威廉二世前去挪威避暑和旅行，之后，它在威廉港的海军造船厂中进行了一次改进，并与"布雷舰佩里坎"号一起参加了秋季的年度演习。在演习后，"齐格弗里德"号还进行了德国海军第一次全以石油为燃料的航行试验，试验结果还不错。参加试验的新的燃油锅炉可进入德国海军服役。

完成试验任务的"齐格弗里德"号于1895年的7月9日重新回到现役，部署的地点依旧在威廉港。1895年—1897年，"齐格弗里德"号每年都参加了海军的秋季大演习。1897年，该船再次进入船厂改造，原本安装的防鱼雷网被拆除，以试验没有防鱼雷网时候的军舰性能。到1900年春天，"齐格弗里德"号改变了驻地来到波罗的海，但泽港成了它的新家。

1902年的夏天，位于但泽的皇家造船厂开始了"齐格弗里德"号的改进工作，全船被切割开并在船体中间增加了8米长的船体，排水量从3741吨增加到4237吨，航速增加至15.5节。原本舰上的燃油锅炉被完全拆下，取而代之的是传统的燃煤锅炉，这些改进使得"齐格弗里德"号的改进工作量大于其他几艘姐妹舰。除了锅炉外，88毫米火炮的数量得到了增加，并安装了第二根烟囱。整个改装过程花费23万马克，所有工作于1903年秋季完成。

虽说完成了现代化改进，但随着新船的不断服役，"齐格弗里德"号也慢慢进入了二线，每年一度的演习再也不是每次都参加了。1909年9月15日，"齐格弗里德"号退出现役进入了预备役。根据第二次海军法案，战列舰"赫尔戈兰"号替代了"齐格弗里德"号在舰队的位置。

第一次世界大战爆发之后，"齐格弗里德"号于1914年8月12日重新进入现役。岸防铁甲舰被编成联合部队，在海军少将理查德艾克曼的指挥下保卫波罗的海和北海水域。"齐格弗里德"号主要守卫威悉河河口。不过，这也只是回光返照了，由于舰体的陈旧和德国水兵数量的不足，"齐格弗里德"号这次的复役很快就结束了。1916年1月5日，"齐格弗里德"号正式退役。退役后的"齐格弗里德"号成为了海军的宿舍船，在凡尔赛条约签署后，"齐格弗里德"号被正式除籍出售。

■ 由胡戈·格拉夫创作的"齐格弗里德"号岸防装甲舰的油画。

■ "齐格弗里德"早期的侧视图，可见防鱼雷网和单个烟囱。

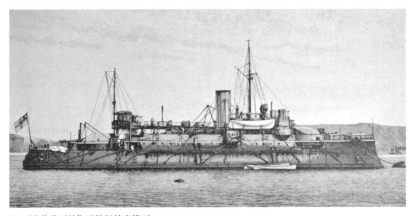

■ "齐格弗里德"号的铅笔素描画。

■ 在浮船坞中的"齐格弗里德"号。

"贝奥武夫"号（SMS Beowulf）

二号舰"贝奥武夫"号的建造代号为"新型铁甲舰 P"，由位于不莱梅的 AG 威瑟尔造船厂建造。该舰于 1890 年 11 月 8 日开工，1892 年 4 月 1 日完成最后的建造工作。来自海军部的海军少将汉斯·科斯特将其命名为"贝奥武夫"号。《贝奥武夫》讲述了斯堪的纳维亚的英雄贝奥武夫的英勇事迹（斯堪的纳维亚属于日耳曼文化圈），是迄今为止发现的英国盎格鲁 – 撒克逊时期最古老、最长的一部较完整的文学作品，在今天一直作为英国国家文化的象征而流传。考虑到在该舰下水二十年后英德两国之间爆发的战争，用未来敌人的文化象征来为自己的舰艇命名，也是历史的玩笑之一了。有趣的是，在日本作家田中芳树的著名小说《银河英雄传说》中，主要人物之一的米达麦亚座下旗舰的名字也是"贝奥武夫"号。

在"贝奥武夫"建成后，紧接着就进行了海试。该舰的首任舰长是威廉二世的弟弟海因里希亲王。当"齐格弗里德"号因为事故而返修时，"贝奥武夫"号作为替代短暂地进入舰队服役。同年底，"贝奥武夫"号参加了一次阅舰式，除了德皇威廉二世外，俄国沙皇亚历山大三世也登上"贝奥武夫"号参观。从 1892 年开始，"贝奥武夫"号参加了每年秋季的海军年度演习。1893 年 10 月 1 日，德国海军开始为保卫北海特地组建一支新的舰队，"贝奥武夫"号加入了这支舰队，舰队旗舰设在同级舰"希尔布兰德"号上，同年 10 月 2 日"贝奥武夫"号因为锅炉高压蒸汽泄露回到造船厂进行修理。从 1894 年开始，"贝奥武夫"号的日子是在演习、训练、检修之间度过的，"贝奥武夫"号于 1897 年 9 月 27 日进行了一次大修，并拆除了防鱼雷网。1900 年秋天后，"贝奥武夫"号离开了北海，来到了波罗的海，停泊在但泽港。

与"齐格弗里德"号一样，从 1900 年 5 月 15 日起，"贝奥武夫"号也开始了改进，改进项目与其他姐妹舰相似。1902 年，"贝奥武夫"号完成改进回到波罗的海继续服役至 1909 年。此后，该舰进入预备役舰队。第一次世界大战的爆发，也使"贝奥武夫"号重新回到作战部队中。1914 年和 1915 年，"贝奥武夫"号担负着防卫俄国波罗的海舰队的任务。1916 年

■ 由胡戈·格拉夫创作的"贝奥武夫"号岸防装甲舰的油画。

3月2日，已经严重老化的"贝奥武夫"号被调拨给了潜艇部队作为住宿舰。1917年3月12日，"贝奥武夫"号正式退役。不过这并不是"贝奥武夫"号在德国海军中历程的终结，随着兴登堡鲁登道夫在东线的进展顺利，德国海军也开始计划通过波罗的海对俄国发动攻势。"贝奥武夫"号也于1917年12月12日重新服役，作为破冰船使用，它的主要服役区域在芬兰海域。1919年6月17日，"贝奥武夫"号正式从德国海军的名单上除名，并于1921年报废并出售给拆船公司。

■ 改造后的"贝奥武夫"号。

■ 较为清晰的"贝奥武夫"号的侧视图，可见24cm主炮的安装方式。

"伏里施乔夫"号（SMS Frithjof）

1890年2月，位于汉堡的布雷默 AG 威瑟尔船厂铺设了"伏里施乔夫"号的龙骨，建造代号为"新型铁甲舰 Q"，不过由于种种原因，直到1891年的7月才开始正式建造。1893年1月23日，该舰完成，当时的北海舰队司令，海军中将威廉·施罗德将其命名为"伏里施乔夫"号。《伏里施乔夫》是一部冰岛史诗，讲述了英雄伏里施乔夫的故事。这部史诗在德国国内非常流行，德皇威廉二世就是它的拥趸，他本人还为伏里施乔夫在冰岛建过纪念像。"齐格弗里德"级的三号舰被命名为"伏里施乔夫"据说也有威廉二世的意思。

■ 插画中的伏里施乔夫形象。

■ 由胡戈·格拉夫创作的"伏里施乔夫"号岸防装甲舰的油画。

　　1893 年 2 月 23 日，"伏里施乔夫"号开始服役，泊地在威廉港。与其他姐妹舰一样，在和平时期的演习和训练充实着它。1895 年参加了威廉皇帝运河的建成仪式是它在服役生涯中为数不多的亮点之一。1898 年和 1899 年，"伏里施乔夫"号有一大段时间用在挪威近海的演习上。1902 年春，"伏里施乔夫"号回到格但斯克皇家造船厂进行大改，总费用为 280 万马克，改造后的"伏里施乔夫"号同样拥有了两根烟囱。改造完成后，"伏里施乔夫"号就开始长驻波罗的海了。1909 年"伏里施乔夫"号退出了现役。第一次世界大战爆发后，"伏里施乔夫"号也重新回到了现役，直到 1916 年才正式退役。之后的"伏里施乔夫"号成为了潜艇部队的住宿舰，1919 年凡尔赛合约签订后被出售。

■ 德国宣传用明信片上的"伏里施乔夫"号，这种风格的明信片在宣传德国世界政策之中起到了很大的作用。

■ 停泊状态的"伏里施乔夫"号，可见正有军官通过划艇上舰。

"海姆达尔"号（SMS Heimdall）

"齐格弗里德"级的四号舰"海姆达尔"号始建于 1891 年 11 月 2 日，代号为"新型铁甲舰 U"，由位于威廉港的皇家海军造船厂负责建造。1892 年 7 月 27 日，由德皇威廉二世将其命名为"海姆达尔"号。在北欧神话中，海姆达尔是"光之神""破晓之神"，所有的人类也是他所创造的。由于"海姆达尔"号是皇家海军造船厂制造的第一艘大型舰艇，该舰的进度并不快，直到 1894 年 4 月才最终完成。

在海试中，"海姆达尔"号遇到了一系列问题，比如锅炉的可靠性等，这也使它直到 1895 年 4 月才完成海试。在整个服役过程中，"海姆达尔"号遇到的故障还不止这一次。1897 年 9 月发生的发动机事故使"海姆达尔"号不得不回到船厂进行大修。直到 1898 年才重新回到海上。1901 年—1902 年"海姆达尔"号完成了改进工作，并于 1902 年 7 月 15 日重新服役，直至 1909 年进入预备役封存。在第一次世界大战中，"海姆达尔"号也没有值得一提的事迹，1916 年，缺乏人手的德国海军退役了一大批老军舰，其中就包括"海姆达尔"号。在战后，"海姆达尔"号被废弃在罗斯托克。

■ 北欧神话中的"光之神"海姆达尔。

■ 刚服役时的"海姆达尔"号。

■ 由胡戈·格拉夫创作的"海姆达尔"号岸防装甲舰的油画。

"希尔德布兰德"号（SMS Hildebrand）

　　"希尔德布兰德"号的建造代号为"新型铁甲舰 R"，建造厂是基尔皇家海军造船厂。从 1892 年 8 月 6 日开建起，来自波罗的海舰队的爱德华·克诺尔海军中将就公布其舰名为"希尔德布兰德"号。《希尔德布兰德》是一部德语史诗，记述了建立东哥特王国的传奇国王提奥多里克的故事，由于东哥特王国领有罗马帝国的发祥地意大利近百年，提奥多里克一直被认为是日耳曼民族的民族英雄。

　　1893 年 10 月 28 日，"希尔德布兰德"号离开船厂，开始进入海军服役，驻防在基尔。在海试中，"希尔德布兰德"号同样出现了锅炉故障，在进入船厂返修后，于 1894 年 8 月重新回到舰队。之后的数年中，"希尔德布兰德"号进行着类似日本海军"月月水火木金金"式的枯燥训练，直至 1901 年回到船厂接受改进。改进后的"希尔德布兰德"号排水量由原来的 3741 吨增加到 4236 吨，该舰同样是在改进中成为了新式水管锅炉的试验平台。之后的数年，"希尔德布兰德"号依旧在平淡中度过。1909 年该舰转入预备役，第一次世界大战爆发后复役，1916 年再次退役。1919 年德国战败后，"希尔德布兰德"号被卖给了一家荷兰的拆船公司，在拖行至荷兰的途中搁浅在海岸上。最终在 1933 年被爆破处理。

■ 改造后的"希尔德布兰德"号。

"哈根"号（SMS Hagen）

代号为"新型铁甲舰S"的"哈根"号开建于1893年10月21日，与"希尔德布兰德"号一样，在基尔皇家海军造船厂建造。1893年，奥托·蒂德里希用《尼伯龙根之歌》中的英雄"哈根"命名了该舰。1894年10月2日，在结束了为期11个月的工期后，"哈根"号完成了服役。由于有了第一艘的建造经验，"哈根"号在海试中并未遇到多少技术问题。"哈根"号在"齐格弗里德"级中的经历是最丰富的。

■ 反映哈根在背后刺杀齐格弗里德的插画。

1895年，它参加了威廉皇帝运河的落成典礼，而就在典礼同年，两名德国商人在摩洛哥被人杀死，熟知19世纪炮舰政策历史的人们自然清楚之后会发生什么。"哈根"号与巡洋舰"艾琳"号、巡洋舰"奥古斯塔皇后"号等舰船一起被派去摩洛哥向当地政府施压，要求赔款并割让权益。此时距德法第一次摩洛哥危机还有10年时间。在顺利取得摩洛哥的利益之后，"哈根"号继续开始了它的服役生涯，直至1898年发生锅炉爆炸而进厂维修。在八艘"齐格弗里德"级中，"哈根"号是第一个接受改进的，改进后其排水量从3741吨增加到4247吨。1900年10月2日，完成改进的"哈根"号回到舰队继续服役，由于改进效果良好，其余各舰都以它为模板进行改进。改进之后的"哈根"号继续回到北海服役，直到1909年被编入预备役。在第一次世界大战中，"哈根"号被重新部署在北海。唯一值得一提的是，它在1914年参加了由于触雷而沉没的"约克"号装甲巡洋舰的救援行动。1916年，由于海军人员的短缺，"哈根"号最终退役。一战之后的1919年，"哈根"号被卖给了一家荷兰拆船公司。

■ 极为清晰的"哈根"号
照片，注意其舰首的冲角
和繁复的装饰。

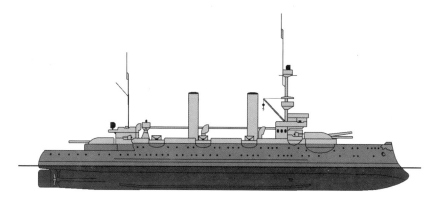

■ "哈根"号后期的涂装。

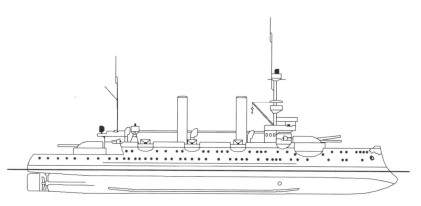

■ "哈根"号后期侧视图。

■ "哈根"号改造后的清晰图片，可见已经撤去了防鱼雷网。

■ 由胡戈·格拉夫创作的"哈根"号岸防装甲舰的油画。

36

"奥丁"号

　　"奥丁"号作为"齐格弗里德"级的改进型，建造代号为"新型铁甲舰Ⅴ"。1894年10月3日"奥丁"号在但泽皇家海军造船厂开工，这也是该厂建造的第一艘大型水面舰艇，1896年9月22日完工。"奥丁"号是以北欧神话中的主神奥丁命名的。他是"死者之神""战神""权力之神""魔法之神"。之后，"奥丁"号一直在波罗的海服役，期间参加过海军无线电系统的

■ 建造中的"奥丁"号。

测试工作。1901年至1903年"奥丁"号重新回到船厂接受改装，排水量从3754吨增加到4736吨，航速增加到了15.5节。完成改进工作的"奥丁"号在演习中与B98号驱逐舰发生了碰撞事故，造成了舰首的损伤。之后"奥丁"号一直在海军中平静地服役，直至1909年。一战爆发后，"奥丁"号先是在波罗的海担任了一段时间的海防工作，之后就被调拨为潜艇部队的住宿船。战后的"奥丁"号由于舰龄较短，被民间买下，改造为商船，直至1935年退役并被拆毁，这也是最后一艘在世的"齐格弗里德"级。

■ 低速航行中的"奥丁"号。

■ "奥丁"号的侧视图，可见与"齐格弗里德"级前几艘的细微差别。

■ "奥丁"号处于停泊状态，同样可见舰首繁复的装饰。

"埃吉尔"号（SMS Ägir）

"埃吉尔"是"齐格弗里德"级的最后一艘，建造代号为"新型铁甲舰T"，与"齐格弗里德"级的其他各舰相比，"埃吉尔"号在设计之初便拥有了一根更高的桅杆和两艘额外的救生艇。此外，该舰的辅机还尝试使用了电动机。1895年4月3日"埃吉尔"号开建，德皇威廉二世以北欧神话中深海的海神埃吉尔来命名此舰。1896年的秋季，该舰完成并进入现役。

"埃吉尔"号的服役生涯是平淡的，1899年参加维多利亚女皇诞辰是其为数不多的出场机会。之后的1903年到1904年，"埃吉尔"号同样回到船厂接受改进，排水量从3754吨增加到4376吨，航速增至15.6节。在另一段平静的岁月过后，该舰于1909年被编入预备役，直至第一次世界大战爆发。一战中，"埃吉尔"号重新服役，与"奥丁"号一起被部署在波罗的海，最后于1916年退役。战后，"埃吉尔"号同样被民间公司买下，被改建成了运输车以运输德国出口的拳头产品——重工业品。1929年，"埃吉尔"号被公司废弃，进入拆船厂处理。

"齐格弗里德"级活跃在19世纪90年代到20世纪第一个10年之间。在这二十多年的和平时光里，它们被部署在北海和波罗的海服役，虽说不如参加过日德兰海战的后辈那般荣光，却也为德国大洋舰队立下过汗马功劳：大批合格的海军官兵从"齐格弗里德"级上走下，来到其他的新战舰上。"齐格弗里德"级是德意志第二帝国海军发展的亲历者，它们还在船台或者设计图上时，德国海军只是一支二流的海上力量，它们走下一线时，德国海军已经是一支世界第二强大的海军。虽说"齐格弗里德"级在整个服役生涯乃至一战中，没有获得任何战果，但它们依旧完成了设计时的初衷：使敌方海军远离本方海岸线。在高速攻击艇和岸防铁甲舰的作用下，英国海军沿用了几百年的"老招"近岸封锁彻底失效了，最终只能选择远程封锁。

在德国海军从小到大、从弱到强的历史里，"齐格弗里德"级既是亲历者，也是旁观者。眼看他起高楼，眼看他宴宾客，眼看他楼塌了，当后辈们在斯卡帕湾化作一道道彩虹，"齐格弗里德"级都已退出现役。免于成为对手的囚犯，这或许也是来自他们舰名的一种幸运。

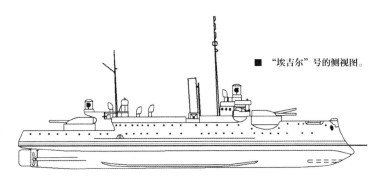

■ "埃吉尔"号的侧视图。

■ 1907年的"埃吉尔"号。

■ 一战时期以"埃吉尔"号为主角的宣传画。

扶桑海路

二战日本海上护卫战史及船舶武备改造

作者：李艳

42

1945 年 7 月 16 日，下午 1 点，马来半岛北部海域。

一支由 7 艘船只组成的小型船队正在向西贡进发。

这支小型船队有 4 艘船上飘扬着日本海军的旭日旗。他们正以 6 节航速沿着马来半岛北上。

这是一支日本海军的油料运输船队。即使到了 1945 年 7 月，南洋地区的日军依然没有放弃海上交通补给线。

其中一艘日本驱逐舰突然脱离船队，向着船队后方而去。

随后就可以听到离开的那艘驱逐舰上的瞭望员大叫：

"鱼雷！！鱼雷！右舷发现雷迹！！！"

这就是二战时期日本海上护卫力量在面对美军攻击时的真实写照。众所周知，日本在太平洋战争期间投入了超过 3700 艘 100 吨以上的商船，而根据《战时船舶史》的记载，日本在二战期间损失了约两千四百艘商船，有多达六万余名船员遇难。这样一算，日本商船船员的遇难率竟高达 43%，也就是说在战时的日本，每 10 名船员中至少会有 4 名在战争中遇难！究竟是什么原因导致这些船舶与船员遭受如此惨重的损失？作为当时世界最强大海军之一的日本海军难道就没有采取措施去为本国的商船提供护航吗？

■ 受到美军攻击而沉没的日本 2A 型货物船（战时标准船）。

⇥ 战前岁月 ⇤

  日本作为近代海洋国家在国际中亮相，还是在明治时代到来之后。迎来了明治维新的日本，终于从长期的闭关锁国中解放出来。为了成为欧美那样的发达国家，以建设近代国家为目标，实行整体发展国内各项工业、扩大海外贸易、增强军备等基本的富国强兵政策。但是日本是一个四面环海的岛国，与各国的贸易往来经常需要依赖海上交通。特别是日本国内资本主义的发展带来的国内经济增长、生产结构优化调整等问题，都需要扩大对海外的贸易，日本对海外贸易的依赖度不断增长。与海外贸易息息相关的拓展日本海上交通线路及加强海上交通的安全护卫，也就成为了日本必须面对的重要课题。当时的日本政府在海运方面实施了诸多政策，其中之一就是建造一支能在世界众多列强中称雄的大商船队。

  此外，日本的发展也带来了工业扩生产扩大、国民生活水平不断提高的现象，这些因素都刺激着日本对各种资源的迫切需求。然而日本国内资源贫乏，这种矛盾在原材料方面表现尤其明显，日本的原材料几乎全部要从海外进口。因此，如此依赖海外市场的海洋国家日本，如果在爆发战争

■ 战前日本的商船队曾活跃在世界远洋航线上。图为停泊在加拿大港口的"爱宕丸"邮轮。

的情况下，不能确保海上交通线的安全，其结果将是灾难性的。这样一来，如何进行海上护卫作战以确保战时海上交通线的安全、如何维持和增强海上运输能力等问题，必定会成为日本给予重点关注的重大问题。

为此，日本海军把保护本国的海上交通线写入了海军的作战计划，日本政府也制定了相关规定。但是由于缺乏实践经验，日本关于海上交通线保护方面的政策一直在艰难摸索中前进。日本最早的一部保护战时海上交通线的法令是 1904 年颁布的《防御海命令》，虽然这部法令充其量只能限定特定海域的一般民用船舶出入港以保护军事机密，但它却是日本对海上交通商船队制定的第一部军事方面的管理法令。

但是很快，日本为了维护本国安全与海外扩张的利益，为了应对日俄战争后的国际新形势，被迫把本国海上力量发展的重点放在了建造所谓"主力舰"上面。为此，在 1907 年 4 月，日本当局编写了其基本国防政策，也就是《帝国国防方针》及用兵纲领。《帝国国防方针》及用兵纲领在之后的 1918 年、1923 年及 1936 年经过了数次修改，确立起了以发展本国海军为主要目标，把美国海军设置成假想敌的战略：

第一，对来袭的敌军舰队主力在西太平洋进行邀击作战（对美邀击作战）；

第二，舰队决战、速战速决。

因此，日本以《帝国国防方针》及用兵纲领为核心纲领，在签订《华盛顿海军条约》和《伦敦海军条约》之后，将本国军舰艇的建造重点放在了建造"主力舰"上面，至于建造用于保护本国海上交通线的舰艇则被放到了第二位。不久之后爆发的经济危机更是让日本政府出现了财政紧张、军费不足的情况，日本海军的"决战兵力"的组建都无法保证，要完善这些保护海上交通线的舰艇就更加得不到保证了。直到 1940 年，这些舰艇的建造都一直处于被搁置的状态。

有必要提一下《伦敦海军条约》签署到 1934 年这段时间，因为《伦敦海军条约》的签订（1930 年），日本海军军令部以及海军省军务局以"为了我国国防的安全，需要改正常备兵力标准"为旗号，在 1923 年修改过的"国防所要兵力"，在1930年4月以后重新得到了认真的研究。在研究中，日本海军决定给其防备部队（执行保护海上交通线以及哨戒等任务的部队）配属一些舰艇。在日本本土以及日本殖民地各沿海地区，防备部队将拥有驱逐舰20艘、1200吨级海防舰12艘、500吨级炮舰15艘、600吨级水雷艇24艘、驱潜艇16艘、航空队54支（战时108个部队）、水上飞机部队1支；而日本海军预计战时将需要水雷艇56艘、简易型海防舰（排水量900吨，航速20节）及炮舰（负责重要船舶的直接护卫任务）96艘、正规海防舰（1200吨级）24艘，160艘驱潜艇也正在准备建造，但是以上内容都只不过是纸面上的计划而已，并没有在战前实施。不过此时《第一次海军扩充计划》（"丸1计划"）正在制订，日本海军决定在本次计划中，小规模地扩充海军防备部队，于是在计划中加入了4艘海防舰和2艘驱潜艇的建造计划。

好像是命中注定一样，世界经济危机就在此时突然爆发，日本政府被迫进行财政紧缩，军事预算被大幅度削减。《第一次海军扩充计划》的制订因为正好赶上这段时期，所以之前提到的建造4艘海防舰和2艘驱潜艇的计划并没有通过。也就是说，因为日本海军预算被削减，导致日本海军防备部队的装备情况没有发生任何变化。

另外，日本海军建造海防舰的实际目的是建造《伦敦海军条约》限制以外的"代驱逐舰"。因为《伦敦海军条约》限制了各国海军驱逐舰的数量，为此日本海军决定以建造海防舰与水雷艇的名义建造一批不亚于驱逐舰性能的小型舰艇。海防舰将代替驱逐舰在北海道地区进行沿海地区的哨戒任务。

很快，《华盛顿海军条约》及《伦敦海军条约》的失效让日本海军从1937年1月之后进入了无条约时代。[①]日本海军为了对应这种情况，以增强自身海军军备为目的，制定了《昭和十二年（1937年）年度海军军备扩充计划》（"丸3计划"），原来没有实现的海防舰建造计划也第一次实现了。

四艘海防舰在1940年6月到1941年3月间依次竣工。而从"丸1计划"到这时候已经过去了6年，日本海军防备部队才终于得到了增强和扩充。

---

① 美英法之后签署了第二次伦敦条约，继续限制主力舰，而日本退出条约。

这表明在日本海军军费受限的情况下，"决战兵力"以外的部队要得到扩充非常困难。

"丸3计划"终于迈出了建造日本海军防备部队专用舰艇海防舰的第一步，但之后爆发的侵华战争更是日本海军没有预料到的情况，既定计划的执行再次被紧急备战的情况所打乱。随后，远在大洋彼岸的假想敌美国海军又制订了新的军备扩充计划，于是已经被侵华战争弄得焦头烂额的日本海军匆忙地在1939年制订了《昭和十四年（1939年）年度海军军备扩充计划》（"丸4计划"）与之对抗。在此次计划中，建造海防舰的计划再一次被推迟，而四艘驱潜艇的建造计划则继续进行。到了1940年《第二次追加计划》（"丸临计划"）中，才加入了一艘海防舰的建造计划。

其实日本海军在保护本国海军交通线的问题上，不仅仅只缺少相关舰艇。在日本海军的《年度帝国海军作战计划》中，战时海军兵力布置的优先顺序是：

第一，决战兵力优先；

第二，帝国本土防备部队是第二位。

这两条原则告诉我们，日本海军执行海上交通保护任务部还没有作为单独的一部分兵力，而是包涵在所谓的"防备部队"中。这足以体现"舰队决战"思想下的日本海军是如何"重视"本国海上交通线的安全问题的。

不过日本海军中并非没有了解海上交通线保护作战重要性的高官，时任日本海军航空本部部长的井上成美中将就在1941年初提出过《新军备计划论》，其中明确指出海上交通线保护作战的重要性，然而并没有引起太大的重视。从现在的角度看，井上的这篇《新军备计划论》是非常有远见的。

此外，在开战前的1941年10月27日的联络会议与11月5日的御前会议上，日本高层决定：如果战争爆发，日本必须保证有总排水量达到300万吨的商船队为老百姓运输所需的物品，日本海军将承担保护这支总排水量达300万吨的庞大商船队的任务。

就在这种准备不足的情况下，日本海军防备部队迎来了太平洋战争的爆发。

→➤ 初期的护卫作战 ←

（1941 年 12 月开战—1942 年 10 月）

1941 年 11 月 26 日，日本与美国的外交谈判失败，之后在 12 月 8 日，日本偷袭了美国海军太平洋舰队的基地——珍珠港，并对东南亚展开了全面的入侵行动，太平洋战争就此爆发。

随后日军在各地区的战斗进展得异常顺利，被日军占领的南方资源区也开始进行恢复，接下来就是将掠夺来的资源正式运输到日本本土了。

开战初期的护卫，还不是由专门的护卫部队进行的。当时的日本本土、台湾、中国、关东州、朝鲜以及库页岛之间的海上交通线由所在地的日本海军镇守府以及警备府部队负责保护，其他地区的海上交通线保护工作由联合舰队承担。因为运输海域的原因，作战运输的护卫行动大多数都要由联合舰队和佐世保镇守府部队来承担。但是日军在战场上接连的胜利使作战地域逐渐扩大，伴随着日军对南方资源地区的占领，日军的物资运输量也在增加。联合舰队除了护卫作战之外，还有更重要也更主要的作战任务。由于兵力有限，联合舰队内部认为护卫任务与主要作战任务无法同时进行。

■ 开战初期日本取得了巨大胜利。图为日军在菲律宾扫荡。

鉴于这种情况，联合舰队司令部方面希望日本海军成立单独的护卫部队。而与之相对的是日本海军军令部，军令部当时认为没有足够的兵力可以成立单独的护卫部队，所以不同意这个提议，但是后来在联合舰队方面的强烈要求下还是同意了特设海上护卫队的要求。

以1942年3月27日日本海军内令第521号《特设舰船部队令》为基础，4月10日，第1海上护卫队以及第2海上护卫队正式成立，之后立即被编入联合舰队，承担了大部分护卫作战任务。

除新成立的海上护卫队外，各镇守府、警备府也新组建了远洋护卫力量。但这些部队既不是联合舰队的兵力，也不作为支援联合舰队使用，所以这些护卫部队并不能改变"远洋护卫的工作是联合舰队的事情"这一原则。

实施护卫的过程基本上都是相关负责部队之间互相联络，在自己的护卫区域里负责海上交通线的护卫。对于特别重要的船队，日本海军军令部总长下令不要在乎担任区域的问题，由联合舰队全程护航。

刚刚建立的第1海上护卫队，有旧式驱逐舰10艘（第13、第22及第32驱逐队）、水雷艇2艘、特设舰船6艘。他们以日本海军《日本海军军令第16号》及《大海指第81号》为基础，在日本本土到台湾、台湾到马来亚以及台湾到望加锡海峡之间的海上交通线上为作战运输以及物资运输的商船队提供护航。而第2海上护卫队在新建立之初只有3艘特设舰船，他

■ 特设巡洋舰"金龙丸"。

们以日本海军军令《大海令①第17号》及《大海指②第82号》为基础，以日本本土到特鲁克再到拉包尔之间的航路为中心，负责保护东南太平洋日本海上交通线的安全。可是之后的1942年5月4日，第2海上护卫队的特设舰"金成山丸"在特鲁克以北海域遭到了美军潜艇的攻击而沉没，这下第2海上护卫队只剩下两艘特设舰艇了。在这种护卫兵力不充足的情况下，日本海军除了紧急建造护卫舰艇之外，已经没有其他方法。也就是说，把征用舰船的一部分改造成为特设舰船再运用到护卫中，另外加快海防舰的建造，增加建造计划以及增强驱潜艇等小型护卫舰艇是唯一的方法。

海防舰是战争后期日本海军护卫舰艇中的主力舰种。在1941年11月的"丸急计划"（正式名称为《昭和十六年年度战时舰船建造以及航空兵力扩充计划》）中，日本海军要求建造30艘海防舰用于海上护卫作战。另外日本海军在更加急需护卫舰艇的1942年6月，制订了"改丸5计划"（正式名称为《昭和十七年年度战时航空兵力增加以及舰艇建造补充计划》），继续要求建造12艘海防舰。但是"丸急计划"里的海防舰，直到战争中期才逐渐竣工。另外，日本海军为了应对急需护卫舰艇的情况，将可以投入护卫作战的驱潜艇也进行了重新设计，并立即开始建造工作。

日军之所以在战争初期不重视海上护卫作战，主要是由于战争初期日本商船很少遭到攻击。当时美军虽然下令"对日本进行无限制潜艇战以及

■ 十三型驱潜艇，图中为第25号。

① 大海令是指军令部总长对海军的指挥官下达重要命令时发表的文件。
② 大海指是大海令文件内容的具体补充说明文件。

航空战"，但是其对日海上破交战的主力潜艇部队在开战初期受到了很严重的打击。特别是驻扎在菲律宾也就是美军的美国海军亚洲舰队潜艇部队（后更名"西南太平洋潜艇部队"），其基地被日军占领，虽然美军潜艇的损失不大，但是其主要武器鱼雷全部被日军摧毁。此外，美军潜艇的鱼雷也存在着严重的缺陷，经常提前爆炸或者成为哑弹。还有就是美军为了防止日军继续发动攻势，把主要的潜艇兵力都部署在以珊瑚海、中途岛为中心的前线地区，进行警戒任务，执行破交任务的潜艇少之又少。

此外，美军潜艇在距离日本领土沿岸海域作战的情况下，进行了有效的伪装。举个例子，1942年8月23日黄昏，岩手县山田湾海域约30海里处，渔船"福荣丸"发现了一艘帆船，那实际上是美军潜艇的潜望镜伪装之后的样子，结果这艘渔船受到潜艇的炮击沉没。到了1942年8月31日黄昏，日向滩远方的"日朗丸"又将伪装过的美军潜艇误认为是渔船，结果在晚上遭到了美军潜艇的鱼雷攻击。

⟶ 中期的护卫作战 ⟵
（1942年10月—1943年11月中旬）

从1942年8月美军登陆瓜达卡纳尔岛开始，太平洋战争进入了消耗战阶段。日军虽然使出全力进行了殊死抵抗，企图阻止美军的推进，但美军的战果依然在不断扩大，战况开始变得对日本不利。

日军在初期的进攻作战中取得了预期之上的顺利进展，导致其占领区域不断扩大，这就意味着日军的战线会非常长，防御兵力部署十分分散。与此相对，美军却可以自己选择合适的地点进行陆海空全方位大兵力的反攻作战。这就导致日军在前线地区的作战十分被动。

另外，日军对南方占领区的修复依然在顺利进行，进入1943年之后，南方资源区到日本本土的运输量开始激增，为此西南方面海上交通线上日本船舶的数量越来越多。日军在所罗门地区的战斗也越来越激烈，必然也会导致参与日军前线作战运输商船的增多，而随着越来越活跃的美军潜艇

■ 日军在太平洋作战的物资需求巨大，对护航作战提出了严峻要求。图为日军在新几内亚的机场。

■ 战争期间日本本土对物资的需求巨大，甚至连女学生都参与到物资生产中来。

行动，强化海上护卫兵力成为了必然。

进入消耗战阶段的日本本土对于燃料以及其他物资的需求越来越大，加上前面提到的作战运输的增多，加重了第1海上护卫队的负担。于是，在开战后着手建造的海防舰逐渐服役并配属第1海上护卫队。就这样，日本海军护卫兵力在战争中期得到了少量扩充与增强，但是与频繁航行在太平洋中的日本运输船队相比，其护

■ 轻巡洋舰"夕张"号。

■ 第29驱逐队的四艘驱逐舰"追风""朝凪""夕凪""夕月"。

■ 择捉型海防舰"福江"号。

卫作战部队以及护卫作战指挥系统依然很贫弱。

之后，所罗门等方面的战况对日军越来越不利，增加所罗门地区的兵力对日军来说变得越来越重要。在这期间，日军海上护卫作战的主方向变成了从菲律宾、爪哇岛、香港、法属印度支那西贡方面到拉包尔的护航，运输日本陆军部队的船舶的直接护卫与以特鲁克为中心的出入港船舶的直接护卫。负责所罗门地区护卫任务的第 2 海上护卫队的任务也变得繁重起来。但是第 2 海上护卫队的兵力过于弱小，即使投入全力给日本的运输船队护航，也无法满足需要。于是，第 2 海上护卫队很快就得到了日本海军镇守府、警备府部队的支援。到了 1942 年 10 月末，联合舰队把第 6 水雷战队解散之后，编入了第 2 海上护卫队，使其兵力得到了进一步增强。第 2 海上护卫队在战争中期的兵力是：轻巡洋舰"夕张"、第 29 驱逐队（"追风""朝凪""夕凪""夕月"）、"浮岛丸"、"长运丸"，驱逐舰"旗风"（横须贺镇守府部队临时编入）。

得到了轻巡"夕张"、驱逐舰"追风"等强力舰艇的第 2 海上护卫队，随着日军兵力向所罗门地区大量输送，开始更为频繁地行动，还以帕劳作为基地与第 1 海上护卫队保持密切联络，以东经 130 度线为界进行海上护卫作战。

随着战况对日军越来越不利，第 2 海上护卫队原来的兵力也有不少被调去参加更重要的作战，其中就包括原第 6 水雷战队的部分兵力。此外，新造海防舰的服役也使第 2 海上护卫队兵力得到了少量增强。到 1943 年 11 月末时，第 2 海上护卫队的兵力有驱逐舰"追风""朝凪"，海防舰"隐歧""福江""平户""天草""满珠"，水雷艇"鸿""鹍"以及特设炮舰"长运丸"。

1943 年 1 月之后到 1943 年 11 月的护卫作战情况因为战时日志等相关资料的缺失而无从查证，不过笔者根据现存的 1943 年 12 月的战时日志进行推定，应该与前阶段的情况无太大差别。

日本本土内各港口之间的海上交通线的护卫任务主要还是由负责海域的日本海军镇守府以及警备府部队承担。虽然这些部队投入了全部兵力，

■ 美国的破交作战给日本带来了极大的打击。　　　　■ 美国潜艇是日本护航作战的噩梦。

　　实际作战情况却并不理想，由于护卫舰艇不足，大部分日本船舶还是要单独航行。日本海军各镇守府以及警备府部队兵力虽然非常弱小，但其承担的不仅仅是日本本土各港口间海上交通线的护卫，还要进行必须的远洋护卫。也就是说在日本本土到其他地区之间的海上交通线中，他们要承担第1、第2海上护卫队及中国方面舰队负责区域以外地区的海上护卫作战任务。他们要保护的海上交通线主要都是从各镇守府以及警备府负责区域内的主要港口到太平洋各个岛屿的交通线，这些船队有定期的也有不定期的，航程比较近的有小笠原群岛、西南群岛，比较远的都到了印尼等东南亚日占区。

　　这些护卫行动是以《大东亚战争（各镇守府警备府）海上交通保护要领》（1942年10月制订）为基础实施的，采取直接一贯护卫（护卫队从出发一直跟随船队护卫，直到船队到达目的地）的方式，由于护卫舰艇数量不足，他们只能在特定地点进行直接护卫，所以船舶独自航行的情况还是很多的。

　　另外日本本土到中国大陆日占区之间，除了日军在大陆作战方面需要的军事运输船舶在日本到中国的海上交通线上不间断地航行外，运输日军从中国掠夺的物资的日本船舶也在不间断地航行，所以日本海、黄海、东海的海上交通线也非常繁忙。对这些运输船舶的护卫，包括在中国大陆日占区航行的船舶的护卫作战任务，主要由日军中国方面舰队承担。

与此同时，美军通过不断努力终于完善了潜艇部队的装备以及战术，对日海上破交战已经进入正式化阶段。伴随着欧洲战场的胜利，美军于1943年9月开始在太平洋地区对日军发起正式的反攻作战。这个阶段美军潜艇的数量得到了明显增加，太平洋海域的美军潜艇部队已经达到了大型潜艇100艘，中型潜艇18艘的规模。美军潜艇部队的逐渐完善，将对战争后期日本商船队的损失情况产生巨大的影响。

值得注意的是，日军也逐渐意识到了美军潜艇部队的增强，日军开始在一些重要海域布设水雷来防止潜艇入侵。这样"作为海上交通保护方面护卫舰艇补充的应急措施，在沿岸以及外洋特点海域布雷，保护航路的侧翼"。

背景阅读：日本海军预备人员训练不足的情况

太平洋战争中，在日本海军海防舰等护卫舰上奋战的大多都是日本海军的预备人员。这些预备人员作为日本海军兵学校、海军机关学校出身者的替补，被投入战场参加战斗。

在当时的日本，高等商船学校学生同时作为日本海军的预备学员，从高等商船学校毕业之后，必须经过日本海军的半年教育，也就是进入日本海军的各大院校中。这些学员在进入日本海军的各大军事院校之后，会在半年内接受成为一名海军士兵所需要的知识与技术方面的教育。

由于日本海军中训练有素的人员全部被投入第一线作战，所以在太平洋战争中不仅只有日本海军特设小舰艇（大部分是征用的民用船舶）的乘员由海军预备人员组成，就连主要执行海上护卫作战任务的海防舰与其他护卫舰艇的乘员甚至指挥官也全部都是海军预备人员。然而在战前，日本海军根本没有考虑到这一情况。

此外这些商船学校的学员在日本海军各大院校接受的教育其实大部分都是陆战方面的教育。因为作为这项教育的目标，日本海军认为其海军预备员的任务是先要学会怎样做一个海军士兵，再去做舰艇上的乘员，所以精神教育是第一位的。为此日本海军院校训练这些预备人员的时候，就以射击训练等陆战训练相关的教育为中心，此外还进行了其他训练让这些预备人员初步了解战场的情况。

日本海军院校只对这些预备人员进行了半年的教育，半年的时间根本不够这些预备人员学完一名海军士官所需要的全部知识，而且他们在训练结束之后能够到海军舰艇上实习的机会也很少。在战争爆发的情况下，以预备员配备计划为基础，日本海军会让他们到大舰艇上的副长或者甲板士官之类的位置上实习，而小舰艇上的实习却被禁止。

但是在太平洋战争中，实际情况与战前的教育目标完全不同，大部分预备人员以及预备士官被送到了海防舰、驱潜艇等小舰艇上担任艇长或者科长，在极其恶劣的战场环境下作战。这些日本海军预备人员中大多数人都对船队阵型以及兵员、物资的搭载方法等海军方面的知识一无所知。

商船学校出身的学生被作为日本海军预备人员，其本来的目的是为了让商船船员具备海军人员相关的素养，在必要的时候直接参加海军作战。与此同时日本海军兵学校和日本海军机关学校两校每年招生的人数都因为削减预算而减少，所以，每年日本海军军令部和日本海军省都会进行相关问题的讨论。他们认为增大招生的规模肯定会导致预算增加，这样会使非战时情况下维持海军院校的教育工作变得非常困难，所以在非战时情况下就要维持最小规模的招生。这样在爆发战争时造成的影响就是，除了商船学校有大量没有接受充足训练的学员之外，还有大量商船的船员也作为日本海军预备员奔赴前线作战，严重影响了商船的行动。此外日本海军对这些商船船员也没有进行必要的训练，导致大量欠缺海军预备人员能力的人参与了作战。

日本海军中央的政策，年年都是把"舰队决战"放到重点上，对于海军预备人员方面的政策，一直都是不足的。当开战之后海军部队规模急速扩张的时候，日本海军在预备人员问题中的种种缺陷就暴露了出来。

日本海军最大的梦想就是进行大规模舰队决战，但是在战争执行上的部门却暴露出种种不足，预备人员训练不足的问题只是众多不足中的一个。

➜ 后期的护卫作战 ↢

（1943 年 11 月下旬—1944 年 10 月）

1943 年 9 月 15 日，太平洋东南方面的战况对日军越来越不利，日军需要防御的新几内亚东部、所罗门北部、马绍尔群岛一线被美军逐渐攻破，今后日军即使在这些地区投入大量兵力也不能长时间保证这些地区的安全。所以日军大本营划出了为达成战争目的而必须要确保安全的地区（也就是所谓的"绝对国防圈"），概定的区域包括千岛、小笠原、南洋地区日占区（中西部）、新几内亚西部、巽他群岛和缅甸，并在同月 25 日的御前会议中通过该项决议。日军大本营认为日军只需要撤退到绝对国防圈内并巩固这里的防御，对战力方面特别是航空战力方面进行整备增强，就可以抵挡住盟军的进攻并实施反击。

但是以美军为首的盟军，并不会给日军完成强化防御工作的时间。太平洋中部以及东南两方面的盟军，正在以日军预期之上的速度进行着进攻。

■ 盟军强大的作战能力很快将日本打回原形。

　　为了给绝对国防圈的防御强化赢得时间，坚持到一兵一卒的任务就落在了马绍尔群岛、所罗门地区、吉尔伯特群岛、新几内亚东部等地区的日军守备队身上。这些部队对盟军的反攻进行了殊死抵抗，但是这也不管用，他们有的全军玉碎（全军覆没），有的则陷入孤立无援的状态。

　　再来看日本海军海上护卫作战方面的情况。由于战争中期美军潜艇部队逐渐完善，导致之后在海上交通线上的日本商船损失数量开始激增。这直接使日本海军决定立即进一步强化海上护卫作战部队，相关的政策也在短期内得以实施，到了战争后期，这些政策的实施进入具体化阶段。

　　自 1943 年 11 月 15 日海上护卫总司令部的建立开始，日本海上护卫部队进行了一系列强化：1943 年 12 月 15 日由商船改造的护航航母被编入海上护卫总司令部，1943 年 12 月 15 日护卫专用的航空队（第 901 海军航空队）建立，1944 年 4 月 1 日特设船队司令部建立，等等。这一系列变革都是日本海上护卫作战历史中甚至是日本海军历史中划时代的决定。为了解决护卫舰数量向来不足的问题，一些预计在战争中期才开始逐渐竣工的新造海防舰，也在本阶段内开始不断竣工服役。

　　在强化海上护卫作战的各项政策得以在日本实施的时候，美军潜艇的不断出没以及战况对日本越发不利，把石油等南方重要物资尽快运输到日本本土，成为了日军首先需要解决的问题。为了减少运输过程中的损失，日军开始使用大兵力对运输船队进行护航的战术。还有就是为绝对国防圈的强化防御而进行的"松运输"（日军为了强化南洋日占区的防御而进行的运输）、"竹运输"（日军为了强化对新几内亚地区的防御而进行的运输）护航。由此可以看出，在战争后期日军大规模地进行了海上护卫作战。

　　但是不断占领要地的盟军，其攻势也变得更加积极。随着马里亚纳群岛以及新几内亚西部等日本绝对国防圈的要冲被盟军接连攻克，盟军已经可以直接威胁到日本本土到南方资源区之间的要冲菲律宾了。

⇥ 海上护卫总司令部的建立 ⇤

1942 年 4 月 10 日第 1、第 2 海上护卫队被建立之后，日本海军内部的一些军官就提出过海上护卫相关中央指挥机构的建立问题，但是那时候这些提议并没有被采纳。

在这个时期，作为日本海上护卫兵力中央指挥机构的是 1942 年 10 月 10 日从日本海军军令部第 2 课的防备班演变过来的军令部第 12 课。军令部第 12 课负责港口的防备兵力与保护海上交通线的兵力的指挥工作，但是其编制只有课长 1 人、课员 2 人、兼务课员 2 人，这种贫弱的阵容中只有 1 名中佐一人负责海上交通保护兵力的指挥，而他的助手只是高等船员出身的预备士官。

到了 1943 年中期之后，日本船舶的损失数量快速增加，为此不仅在日本海军内部，就连日本海军外的力量也开始要求海军实施新政策以保护海上交通线的安全．建立海上护卫相关新机构的需要，对于日本海军来说也变得越来越迫切。

于是在 1943 年 11 月 15 日，根据《海上护卫总司令部令》（军令海第 16 号）以及《海上护卫总司令部处物流程》（达第 276 号），日本海军海上护卫总司令部正式建立。

海上护卫总司令部建立之初的兵力有：

■ 日振型海防舰"四阪"号。

第 1 海上护卫队

驱逐舰："若竹""吴竹""早苗""朝风""朝颜""芙蓉""刈萱""汐风""帆风"

海防舰："佐渡""松轮""择捉""对马""若宫""干珠"

水雷艇："真鹤""友鹤"

哨戒艇：第 2 号哨戒艇、第 3 号哨戒艇

特设舰船："华山丸""北京丸""长寿山丸"

第 2 海上护卫队

驱逐舰："夕月""追风""朝凪"

海防舰："隐歧""福江""御藏""平户"

特设舰船："长运丸"

新建立的海上护卫总司令部，作为天皇直属部队，由曾经担任联合舰队司令长官的及川大将亲自担任司令长官，麾下有两支海上护卫队的全部兵力（之后新成立的第 3 海上护卫队以及第 4 海上护卫队也被划归海上护卫总司令部旗下），而且海上护卫司令部有权指挥各镇守府、警备府的部分兵力，有着非常大的权限和地位，这是日本海军传统型机构的一大改变。与过去作为海上护卫中央机构的军令部第 12 课相比，这可是划时代的进步。

■ 占守型海防舰"占守"号。

→ 海上护卫航空战 ←

在海上护卫总司令部成立后的 1943 年 12 月 15 日，以反潜作战及护卫作战作为主要任务的日本海军第 901 海军航空队（队长上出俊二中佐）正式成立，成为了海上护卫总司令部的直属部队。

过去日本海军从来没有建立过专门进行反潜作战以及护卫作战的航空部队，各个海军航空基地的飞机都执行一部分哨戒及索敌任务，只是在必要的时候支援一下护卫作战而已。在海上护卫总司令部建立初期，其可以指挥的航空兵力是隶属各镇守府、警备府的海军航空部队兵力。直到 1943 年 12 月 1 日可以指挥的航空兵力只有舰载轰炸机 36 架、舰载鱼雷攻击机 80 架、双座水上侦察机 48 架、三座水上侦察机 64 架、哨戒机（包括教练机）24 架，合计 252 架飞机（包括备用机）。这些航空兵力被分配在 11 个不同的航空队，从北方的大凑到西边的镇海、旅顺，再到南边的台湾，在这些广大区域内分散着，只能进行地区性的反潜作战及护卫作战。而作为指挥日本海军全部海上护卫力量的海上护卫总司令部麾下的航空兵力来说，是完全不能满足需要的。

为改善海上护卫航空兵力，弥补护卫舰数量不足的情况，日本海军根据海上护卫总司令部部队（海上护卫司令长官直接指挥下的部队通称，以下相同）的要求，建立了一支全新的航空部队，这就是第 901 海军航空队（以下简称"901 空"）。

901 空在 12 月 15 日正式成立，同日在馆山基地进行了整编。901 空当初的兵力有九六式陆攻（海军陆基中型轰炸机）24 架、九七式飞行艇（大型水上飞机）12 架。

在 901 空建立初期装备的两种大型飞机，其特点是大航程和大搭载能力，这个优势在之后的护卫反潜作战中渐渐发挥了作用。也就是说，反潜飞机的续航能力是广大海域进行反潜哨戒中不可缺少的一部分，还可以进行对敌舰队的侦查任务。此外，大型飞机有着强大的搭载能力，可以搭载电探（电波探信仪、雷达）、磁探（磁力探知机、反潜装备）等有力的侦察设备以及对潜攻击兵器，这为战争后期901空的成名创造了机会。

在1944年3月1日，901空又得到了48架陆攻、32架飞行艇，其兵力得到了进一步增强。在6月中旬，901空的作战范围已经扩展到南中国海，可以进行正式的护卫作战了。

为了强化中部太平洋地区的防御，在进入1944年2月之后，日本海上护卫总司令部下令，让901空的2架水上飞机及第931海军航空队（以下简称931空）的4架舰载鱼雷轰炸机于2月5日前往塞班岛，纳入第2海上护卫队司令官的作战指挥下。这是针对日本本土到占领南洋地区的护卫航空战的有效强化。

这时候日军的作战运输海上交通线主要是从横须贺到塞班岛，到2月末这条交通线上配备的护卫航空兵力有：

馆山基地（馆山航空队）：舰载攻击机24架、双座水上侦察机24架

901海军航空队：陆基攻击机3架、水上飞机3架

父岛基地（父岛航空队）：三座水上侦察机8架

硫磺岛基地（父岛航空队）：舰上攻击机8架

901海军航空队：陆基攻击机6架

塞班岛基地（901海军航空队）：水上飞机2架

931海军航空队：舰载攻击机4架

另外，1944年2月日军反潜航空兵力有：

海上护卫总部队约350架

中国方面舰队约32架

第四舰队约64架

第1南遣舰队约32架

第2南遣舰队约28架

第3南遣舰队约44架

第4南遣舰队约24架

合计约574架

为了有效使用护卫航空兵力，阻止美军潜艇对日本运输船队的攻击，

901 空从 1944 年 1 月开始把日本近海以及南中国海地区的美军潜艇聚集区域设置为重点配备区域。此外还为了船队的间接护卫以及在远洋地区搜索歼灭美军潜艇等任务，开始紧急调动兵力。首先在 1944 年 1 月 2 日 4 架陆攻被派遣到大村，13 日 6 架陆攻被派遣到小禄（冲绳），14 日 4 架水上飞机被派遣到东港（台湾）。接下来在 2 月 3 日 6 架陆攻被派遣到高雄，2 月 5 日 3 架陆攻、3 架水上飞机被派遣到大村，6 架水上飞机被派遣到东港，6 架陆攻被派遣到马尼拉地区，之后 3 月上旬又有 4 架陆攻到达马尼拉，4 月 10 日 4 架水上飞机被部署到西贡，逐渐展开了配备。

此外 2 月 15 日海上护卫总司令部附属的第 453 海军航空队（宿毛），在佐世保镇守府司令长官的指挥下，派出两座水侦 6 架，三座水侦 6 架，前往菲律宾等地区参与护卫作战。

进入 1944 年 3 月之后，因为"松运输"作战已经开始，海上护卫总司令部为了强化东松船队的护卫，采取了如下举措：

第一，3 月 4 日 931 空的舰攻 6 架被部署到馆山，同时 901 空的一部分陆攻被增派到硫磺岛。

第二，3 月 6 日在馆山基地的 901 空陆攻 6 架，水上飞机 3 架、931 空的舰攻 6 架，编为"松 2 号运输特别哨戒飞行队"（由 901 空司令直接率领），编入横须贺镇守府部队伴随船队的南下在各个适宜基地进行转场，进行护卫。

第三，因为 3 月 19 日在塞班岛的 901 空水上飞机 4 架已经全部损失，所以 931 空塞班派遣队成立，接受第 2 海上护卫队司令官的作战指挥。

另外第 2 海上护卫队司令官的兵力还有了第五根据地队（日本海军在占领区设立的海军基地部队）附属飞行队（三座水侦 8 架），负责马里亚纳方面的海上交通保护。

第四，4 月 12 日 901 空的塞班派遣队得到了 2 架水上飞机，硫磺岛派遣队得到了 2 架陆攻。

与此同时，931 空在硫磺岛以及塞班岛派遣队的编制解散，返回佐伯。

另外针对西南航路，以 901 空以及由商船改造的护航航母（搭载了 931

空的飞机）为中心，逐渐进行航空护卫的强化。

与此同时，在新几内亚地区运输陆军部队的竹运输船队遭到了美军潜艇的攻击，损失严重，为了强化此区域的护卫，5 月佐世保镇守府部队的 3 座水侦 4 架，舞鹤镇守府的 3 座水侦 6 架被派遣到那里，在联合舰队司令长官的指挥下进行护卫。

这些护卫兵力中，作为新战力被鼓励使用的磁探（磁力探知机）以及电探（电波探信仪、雷达），到了本期后半段迎来了活跃期。

901 空高雄派遣队 1944 年 7 月建立了由磁探机组成的特别扫荡队，开始活跃起来。这个特别扫荡队，在建立后没多久的 9 月就在巴士海峡得到了大战果，之后磁探机被逐渐增加，特别扫荡队也得到了强化。根据日军的作战记录，1944 年 8 月 25 日到 9 月的 15 天内，被日军探测以及被日军发现后遭到攻击的美军潜艇有 42 艘，其中磁探机发现了 15 个目标；攻击之后被确认确实被击沉的有 12 艘中，磁探机击沉了其中的 6 艘。（但是根据美军的记录，在这期间只有 1 艘美军潜艇被击沉）。不过就连美日战后的官方战史都不得不承认，1944 年 8 月到 9 月是日本海军磁探机最活跃的阶段。电探机也与磁探机一样活跃。当时 901 空队长上出俊二大佐这样回忆到：

使用电探特别优秀的是东港的水上飞机，10 海里之外的潜艇，飞在距离他们 4~5 海里之外，我们就能发现他们的潜望镜。我在战败之后面对美军的战略轰炸调查团的质问时，回答的是电探的潜艇探知距离是 12 海里，对方很不高兴，说道"美军的电探才会这么厉害，日本的电探不会有这种性能"。但是依我看，虽然我军的飞机用电探作为兵器出现确实很晚，但是其性能一点也不差于美军的设备。

飞机用电探在作战中，是一大变革。它可以让飞机在夜晚飞行或者大雨中，让飞行员减轻负担。飞行员有的时候甚至在非常恶劣的天气中也能哼着鼻歌轻松的飞行。对岛屿或者山脊的测距，可以让撞岛或者撞山的可能性大大降低。

之后，伴随着海上护卫作战形势的变化，参与海上护卫作战的航空兵力也在不断增强，到了 1945 年 1 月 1 日，901 空与第 953 海军航空队等进行合并，同年 5 月共拥有作战飞机合计 212 架，成为了大型航空队，也设立了司令官，由堀内茂忠少将担任。

901 空编成的当日也就是 1943 年 12 月 15 日，"云鹰""海鹰""大鹰"以及同月 21 日的"神鹰"号，四艘由商船改造而成的航空母舰被编入了海上护卫总司令部。

这四艘航母，也是日军为了弥补护卫舰艇的不足，强化其海上护卫兵力而编入的，经过日本海军军令部的考虑，军令部最终认为"航空基地的数量太少，基地之前相互的距离也太远，对横须贺、小笠原、西贡地区的海上交通线的护卫应该使用航母"，于是决定将 4 艘由商船改造的航母编入护卫部队。

但是这些编入的航母，其实并没有开始进行护卫作战。"云鹰"号与"海鹰"号，当时还是联合舰队司令长官指挥下的舰艇，过去一直在进行的运输作战还在进行（根据 12 月 20 日日本海军军令《大海指第 313 号》判断），而"大鹰"因为受损的原因在 12 月 21 日入渠修理，而"神鹰"号当时还在接受航母改造，1944 年 3 月才开始进行西南方面航路的护卫任务。4 艘航母在修理整备结束之后的单独训练实施中，以 1944 年 3 月 17 日"海鹰"、1944 年 4 月 29 日"大鹰"，1944 年 7 月 6 日"神鹰"，1944 年 8 月 15 日"云鹰"的顺序依次编入第 1 海上护卫队司令官的作战指挥下。随后

■ 模型封绘上的901空九七式飞行艇。

■ 1943年11月15日，正在德山湾航行中，准备数日后交付服役的"海鹰"号航母，可见其舰首的菊纹章被覆盖了。

■ 后晋升为海军上将的查尔斯·洛克伍德。

■ 中岛九七式舰上攻击机，携带航空鱼雷作战。

■ 护航ヒ 7 1 船队中被击沉的"大鹰"号航母。

■ 击沉"神鹰"号航母的"白鲳"号潜艇（USS Spadefish SS-411）。

其护卫作战的中心变为主要护卫作为门司（日本九州）到昭南（新加坡）为中心的西南方面海上交通线。

日本海军认为，护卫商船队的时候，如果护卫队里有护航航母的话，可以有效对抗潜艇的攻击，当时美英海军在大西洋的作战成绩证明了这一点，而且美英海军的护航航母在执行此类作战的时候，损失很小。但是日本海军没有想到这是不同的情况下，美英海军的护航航母损失比较小是因为其反潜舰艇对护航航母进行了有效的保护。然而日本海军本来就缺乏护卫舰艇，缺少船队的直接护卫兵力，投入这四艘由商船改造的护航航母参加海上护卫作战正是为了弥补护卫舰艇的不足。另外，这三艘航母上的舰载机没有值得信赖的反潜能力，飞行员也没有接受过充足的反潜训练，这样直接投入护卫作战的话，出现像美英海军的护航航母同样的效果是不可能的。

护卫船队的时候，这四艘航母主要搭载老式的九七式舰载鱼雷轰炸机12~17架，而且每架飞机只能搭载两枚深水炸弹，每次只能由2~4架执行船队的上空的哨戒飞行任务。

另外当时日本的对手，美国海军的潜艇部队指挥官查尔斯·安德鲁·洛克伍德海军中将在其回忆录《击沉一切：太平洋战争中的潜艇战》中也提到了日本海军装备护航航母的事情，他这样写到：

敌人（日军）和我军在大西洋进行的一样，开始使用这种航母（护航航母）。台湾、中国直到菲律宾的船队护卫机都会出现，这种方法并不是很安全，但是敌人依然采取了这种不可思议的措施。护航航母，我认为如果运输物资或者飞机的话才是最有利的。总之敌人的错误，对我们没有影响。

此外，关于这四艘航母上搭载的舰载机部队，是1944年2月在佐伯基地新成立的第931海军航空队，这个航空部队除了作为进行海上护卫的4艘护航航母上搭载的飞行部队之外，还承担训练以及整备任务，由大冢治海军中佐作为指挥官。其兵力有九七式舰载鱼雷轰炸机48架。

在之后的护卫作战中，"大鹰"号搭载了九七舰攻12架（931空），在8月18日护卫ヒ71船队的行动中被美军潜艇击沉。"神鹰"号航母搭载了九七舰攻14架（931空），11月17日在护卫ヒ81船队的行动中被击沉。"云

68

■ 1943年8月31日，航母改造工程完毕的"千岁"号驶出佐世保港。其飞行甲板在吃水线以上11.65米，外观相当低矮。

■ 阳炎型驱逐舰"天津风"号。

■ "超级祥瑞""雪风"号驱逐舰。

鹰"号搭载了九七舰攻 12 架（931 空），在 9 月 17 日护卫ヒ 74 船队的行动中，其右舷后补被美军潜艇发射的两枚鱼雷击中，损管作业后大体完成了防止沉没的维修，但是因为风浪过大，船体进水，最终还是沉没于南中国海北部。

除了这些由商船改造的护航航母参加过护卫作战之外，联合舰队也曾经把攻击型航母调入海上护卫作战部队。第三舰队所属的航空母舰"千岁"号以及第 10 战队所属的第 16 驱逐队，在 1944 年 1 月 4 日编入第 1 海上护卫队司令官的作战指挥下，这 3 艘舰艇在 2 月 5 日返回原部队之前这段时间，护卫过ヒ 31 船队以及ヒ 33 船队从门司前往昭南。

ヒ 31 船队有被护航船舶 4 艘（运航指挥官是细谷资彦大佐），由航母"千岁"、驱逐舰"天津风"、"雪风"进行护卫，在 1 月 11 日从门司出发。在航行途中的 1 月 16 日，驱逐舰"天津风"在南中国海搜索美军潜艇时遭到美军潜艇鱼雷攻击，受损严重。其他船只继续航行，1 月 20 日安全抵达昭南。另外"天津风"的艏部被炸断，不能航行于是在海上漂流了一周，最后在赶来支援的驱逐舰"朝颜"的拖拽下在 3 月 1 日到达西贡。

ヒ 33 船队是ヒ 31 船队的返回船队，被护航船舶 6 艘，由"千岁"和"雪风"进行护卫，1 月 25 日从昭南出发，2 月 4 日"千岁"离开船队前往佐世保入港，"雪风"与其他被护航船舶在 2 月 5 日安全抵达门司。

另外，太平洋战争爆发以来日本陆军对海上交通的关心非常多。因为日本陆军需要派遣部队到很远的海外地区作战，其运输线的安全变成了必须性的根本要求，必然会导致其对海上护卫的关注。在海上护卫总司令部设立的时候，日本陆军给予了其非常大的支持。

海上护卫总司令部建立之后，向着逐渐整备增强麾下护卫兵力的方向发展，但是其兵力并不是十分充足，特别是 1943 年秋之后日本船舶损失量的激增导致其增强兵力的希望变得更加渺茫。这时候日本陆海军双方在海上护卫相关事项的需要上达成了一致意见，双方一起在 1944 年 3 月 10 日制定了《航空部队参与海上护卫保护作战相关陆海军中央协定》。这项协定使陆军航空部队的一部分划到了海上护卫司令长官的指挥下，规定其参加海上护卫作战。

特设船队司令部的建立

进入 1944 年之后马绍尔方面的战况对日军越发不利，于是日军为了强化中部太平洋方面防御而进行了部队的紧急运输，也就是数次进行的"松运输"。

松输送作战进行的一大问题就是，船队的指挥问题。过去船队部队都是运航指挥官（船队指挥官）指挥，但是直接辅佐其的参谋太少，现场指挥不能发挥到最佳水平。

随着日本商船损失的迅速增加以及物资运输的紧要化，日本海军的护卫实战部队多次要求建立有现场指挥能力的机构。于是为了满足这个要求，"特设船队司令部"被日本海军建立。

特设船队司令部是以 1944 年 5 月 1 日日本海军内令第 517 号改正《特设舰船部队令》为基础建立的。其中有司令官和参谋以及司令部，司令官隶属海上护卫总司令部，现场指挥每个船队的护卫力量。

这个司令部与一般的司令部在建制上和固定成员的分配上没有差异，但是因为参谋都是临时编制的，所以其中都是从日本海军省、军令部以及各学校的在勤人员中临时任命的。此外因为每支船队的护卫部队都是临时决定的，所以普通的司令部都有自己的固有部队，特设船队司令部就没有。另外特设船队司令部的参谋本来就有自己的任务，不能把所有的精力都放在护卫任务中，能有顺利的指挥能力非常困难。

特设船队司令部在"松运输"作战当中数次重新整编，到了与"松运输"作战并行的"竹运输"作战之际再度整编，克服了种种困难完成了任务。

特设船队司令部于 4 月 8 日再次整编，被划分为第 1 到第 7 护卫船队司令部，4 月 15 日第 8 护卫船队司令部被建立，编入海上护卫总司令部部队。以下是各司令部的司令官：

司令部	司令官
第 1 护卫船队司令部	伊集院松治少将
第 2 护卫船队司令部	清田孝彦少将
第 3 护卫船队司令部	鹤冈信道少将
第 4 护卫船队司令部	中村远司少将

第 5 护卫船队司令部	佐藤波藏少将
	（在 4 月 15 日与吉富说三少将交替）
第 6 护卫船队司令部	梶冈定道少将
第 7 护卫船队司令部	松山光治少将
第 8 护卫船队司令部	佐藤勉少将

→｜ 松运输作战 ｜←
（1944 年 3 月—1944 年 5 月）

1943 年秋季以来从马绍尔群岛开始反击的盟军，到了 1944 年已经占领了夸贾林环礁，其航母机动部队对特鲁克、塞班以及提尼安岛进行空袭，逐渐暴露出其在中部太平洋方面的反攻计划。

日军大本营为了保证"绝对国防圈"内要地南洋地区的防御，制订了强化中部太平洋防御的计划，为此就要对日军的兵力以及所需要的物资进行紧急运输。于是日军为了此次作战运输把当时拥有的海上运输力量主力进行集中，进行优先性运输，此次运输行动被称为"松运输"，从 1944 年 3 月一直持续到 5 月。

另外关于"松运输"这个名字，根据当时相关人员的回忆，使用松、竹、梅这些名字，有着祈求船队武运长久的意义，这个想法是从对德突破封锁的"柳船"的成功启发的。

根据日本海军大海指第 346 号、第 357 号以及第 376 号命令，可以得知松运输船队的编号是：

三月初内地出发船队（松 1 号）

三月上旬内地出发船队（松 2 号）

三月中旬内地出发船队（松 3 号）

三月下旬内地出发船队（松 4 号）

■ 日军在特鲁克的水上飞机基地遭受美军轰炸。

四月上旬内地出发船队（松 5 号）

四月中旬内地出发船队（松 6 号）

四月下旬内地出发船队（松 7 号）

五月中旬内地出发船队（松 8 号）

为了强化松运输作战中的护航兵力，日本海军将第 11 水雷战队（驱逐队，缺少驱逐舰）以及第 31 驱逐队（"岸波""冲波""朝霜"）以及"玉波""野分""卯月""夕凪""测天"等舰艇，从联合舰队编入到海上护卫司令长官的旗下，接受横须贺镇守府司令长官的指挥。随后驱逐舰"朝风"（第 1 海上护卫队）、"巨济"、"济州"、20 号扫海艇（镇海警备府），接受横须贺镇守府司令长官的指挥。在 3 月下旬日本海军又从联合舰队中，把"笠户"海防舰、"三宅"海防舰、"满珠"海防舰、第 10 号驱潜艇、第 12 号驱潜艇、"五月雨"驱逐舰、"皐月"驱逐舰、"帆风"等舰艇调入海上护卫司令长官的所属部队。3 月 6 日，901 空的 3 架陆攻、3 架大型水上飞机以及 931 空的 6 架舰攻，编入横须贺镇守府部队，根据船队的行动转移到适当的基地，参加船队护航任务。

各船队大体的情况如下：

东松 1 号船队

分成甲、乙两个船队，在 3 月 1 日从横滨出港，4 日到达父岛入港，接下来作为松船队接受任务行动。

甲船队（航速 10 节）护卫舰 3 艘，被护航船舶 3 艘。

3 月 5 日 8 时从父岛出发，12 日 14 时 00 分到达特鲁克。损失无。

乙船队（航速 8 节）护卫舰 3 艘，被护航船舶 3 艘。

3 月 7 日 13 时从父岛出发，14 日 13 时 00 分到达特鲁克。损失无。

东松 2 号船队

从东京港出发，经过帕甘岛、塞班岛到达特鲁克，由第 11 水雷战队司令官高间完少将担任船队指挥官，有护卫舰 9 艘，被护航船舶 12 艘。因为

■ 参加松运输作战的轻巡洋舰"龙田"号。

■ 击沉"龙田"号和国阳丸的"玉筋鱼"号潜艇（USS Sand Lance SS-381）。

■ 护卫东松2号船队的"野分"号驱逐舰。

本船队的重要性，在3月6日901空以及931空的一部分编成了松2号特别哨戒飞行队，伴随着船队行动，不断转场执行护卫任务，海上护卫总司令部派出了副参谋长岛本久五郎少将，指导本部队的行动。

3月9日在横须贺召开了船队会议。10日在东京湾进行训练的船队部队在12日4时从东京湾出击。

13日3时之后，八丈岛247度40海里处，船队旗舰轻巡洋舰"龙田"及"国阳丸"接连遭到美军潜艇的雷击，"国阳丸"当即沉没，轻巡"龙田"在同日下午也沉没了。船队部队指挥官被转移到驱逐舰"野分"上，继续指挥。

之后这些出击的船队没有遭到盟军的攻击，在19日14时00分安全抵达塞班岛（"高冈丸"途中分离前往帕甘岛）。其中前往提尼安岛的"柳河丸"（护卫舰巨济护卫）、前往关岛的"玉牟丸"（驱逐舰"朝风"、第20号扫海艇负责护卫）在20日到达塞班岛，同日安全抵达目的地。向特鲁克前进的"对马丸"以及"亚特兰大丸"（驱逐舰"卯月""夕凪"负责护卫），前往恩德比岛的"第一真盛丸"（护卫舰"测天"负责护卫）与护卫舰一起，在20日从东松2号船队里除去，由第2海上护卫队继续指挥行动。

接下来就是东松2号船队的返回，在20日本船队根据横须贺镇守府机密201030号电为基础进行新的整编，继续由第11水雷战队司令官指挥，护卫舰共7艘（"野分"、"朝风"、"满珠"、"巨济"、第17号、31号、32号驱潜艇），为护航船舶14艘（"宗谷""拓南丸""那智丸""安房丸""大天丸""美保丸""备后丸""柳河丸""高冈丸""日美丸""玉牟丸""辰春丸""神福丸"，其他1艘），在24日7时00分从塞班岛出发，4月1日10时00分安全抵达东京湾。

东松3号船队

本船队是前往塞班岛以及帕劳的船队，有护卫舰10艘，被护航船舶12艘的船队（航速8节）。

3月30日上午安全抵达塞班岛，前往帕劳的船队由于在途中遭遇到了美军航母机动部队，导致其4月2日进入塞班躲避，在14日安全抵达帕劳。

■ 护卫东松2号船队的"野分"号驱逐舰。

另外，东松3号的返回船队，由护卫舰6艘，被护航船舶4艘编成，在4月3日从塞班岛出发，在4月10日安全抵达横须贺。

东松3号特船队

本船队是前往特鲁克的船队，有护卫舰3艘，被护航船舶3艘。

行动经过：3月20日该船队从馆山出击，28日船队安全抵达特鲁克。

■ 东松3号特船队的"浅香丸"货船。

■ 护卫东松3号特船队的"朝霜"号驱逐舰。

东松 4 号船队

本船队有护卫舰 10 艘，加入船舶 26 艘，是松输送里最大的船队，这次是把前往关岛、特鲁克、帕劳、雅浦与南洋占领地区各要地的陆空兵力以及物资的运输船舶，整合到了一个船队里。

在 4 月 1 日 11 时 00 分从东京湾出击，大致按照列岛线的西段航路以 8 节航速南下。3 日下午，北纬 30 度 14 分，东经 139 度 5 分的位置，"东征丸"遭到鱼雷攻击（被 2 枚鱼雷命中）而沉没，接来下在 9 日，北纬 15 度 32 分，东经 145 度 0 分的位置，"美作丸"遭到雷击而沉没。剩下的船队继续航行，之后安全到达目的地。

另外东松 4 号船队的返回船队，在 4 月 14 日编成，由护卫舰 4 艘，被护航船舶 8 艘组成，在 4 月 1 日 5 时从塞班出发，沿着列岛线东侧的航路航行，在 23 日安全抵达东京湾。

■ 护卫东松4号船队的"朝凪"号驱逐舰。

东松 5 号船队

本船队是把满洲、华北地区的日本陆军部队运输到帕劳的船队，由 4 艘护卫舰、5 艘被护航船舶组成。

4 月 6 日在馆山集合的船队部队，于 7 日 03 时 30 分向帕劳出击。途中因为美军空母机动部队空袭帕劳，船队指挥官在 4 月 10 日下达向父岛撤退的命令，18 日从父岛出发南下，24 日 11 时 30 分安全抵达帕劳入港。

完成装卸之后的船队，由 4 艘护卫舰，4 艘被护航船舶组成。在 4 月 26 日下午从帕劳出港前往东京湾。

■ 东松5号船队中的"能登丸"货船。

■ 东松5号船队中的"三池丸"货船。

出港之后的28日01时03分，在北纬8度34分、东经13度48分的位置，"三池丸"遭到美军潜艇攻击沉没，"阿苏山丸""笠户"中破。为此，船队马上返航，28日进入帕劳。之后由两艘护卫舰与两艘被护航船舶编成船队，29日从帕劳出发，5月4日进入东京湾。

另外"阿苏山丸"在4月30日从帕劳出发，在5月1日被美军潜艇击沉。

东松 6 号船队

本船队有护卫舰 12 艘，被护航船舶 18 艘。

4月15日早晨从东京湾出击的船队，途中没有遭到攻击，在23日抵达塞班岛。其他方向的船队也都安全抵达目的地。

■ 护卫东松6号船队中的"帆风"号驱逐舰。

到了东松 6 号的返回船队，是由护卫舰 7 艘、被护航船舶 13 艘编成，在 4 月 27 日从塞班出发，5 月 4 日安全抵达东京湾。

东松 7 号船队

本船队是向塞班前进为主要目的的船队，有护卫舰 6 艘，被护航船舶 15 艘。

4 月 28 日 8 时 00 分从东京湾出击的船队，在 5 月 6 日 12 时 00 分安全抵达塞班岛，虽然出发时间不同，但是途中分离的船舶也都安全抵达目的地。

■ 东松7号船队中的"冲绳丸"货船。

东松8号船队

本船队有运输派遣到塞班岛的第43师团的重要任务，由4艘护卫舰，3艘被护卫船舶组成。本船队被特别重视的经过，当时军令部第一部长中泽佑中将是这样回忆的：

作为海军，あ号作战关系到皇国的兴废，所以作为本土防卫关键地区的塞班岛，陆军当然就固执地要求增强在那里的兵力。于是为了执行东条参谋总长的命令，海军决定派出部队帮助运输陆军第43师团。再加上塞班岛的重要性，我们与海上护卫总司令部进行联络之后，决定派遣高速船舶进行运输，此外派出大量护卫舰进行护航。海上护卫总司令部方面选择了有护卫经验，刚刚从帕劳运输回来的鹤冈信道少将作为船队指挥官。

■ 击沉西松2号船队数艘船舶的"白鲑"号潜艇（USS Tullibee SS-284）。

■ 护卫西松1号船队的"朝颜"号驱逐舰。

■ 护卫西松1号船队的"滨波"号驱逐舰。

　　4 月 28 日的大本营作战联络会议中向服部参谋本部第 2 课课长下达了第 43 师团 5 月上旬从内地出发前往马里亚纳地区的命令。我立即赶赴横滨的护卫司令部，召集护卫舰艇相关人员讨论对策，把这次作战当成现在战局的急迫以及中部太平洋各要地的防备化，我军作战能力的维持以及本部防卫的成功与否有直接关系的最重要的作战对待，为此必须要派出陆军兵力到达前线，所以全员齐心协力进行护卫，把不损失一兵一卒作为己任，制定作战计划。

　　于是船队到达之后各部门都很高兴，中泽中将是这样回忆的：

　　得到船队安全到达目的地的报告之后，在联络会议中，东条参谋总长非常高兴，感谢了海军方面的苦劳，"这样塞班就绝对没问题了！各位安心吧！"这样的话语他一直在说。

　　东松 8 号船队的返回，还是由鹤冈少将指挥，被护卫船舶没有变化，由 3 艘护卫舰负责护卫，5 月 21 日从塞班出港，26 日安全抵达东京湾。

　　另外关于西松 1 号与西松 2 号船队，因为其编制过于复杂，本文篇幅有限则不予详述。

　　松运输是东松和西松 11 个船队，特别是本运输作战的主力东松 9 个船队合计加入船舶有 100 艘（473007 吨），其中损失船舶 3 艘（11981 吨）。总的来说，此次作战取得了成功。

■ 护卫西松2号船队的"若竹"号驱逐舰。

→ 竹运输作战 ←
（1944 年 4 月）

1944 年 2 月之后，作为日军南方作战的其中一环，新几内亚与菲律宾地区对澳大利亚北部方面的防御作战，由日本陆军部队进行。但是为日军此需要进行大规模兵力运输，而日军的兵力运输则被美军潜艇以及飞机频繁阻碍，于是迟迟也得不到进展。

所以日军大本营强化了护卫兵力，决定把两个师团（第 35 师团以及第 32 师团）从华北方面调到新几内亚西部以及菲律宾北部的，此次紧急运输作战，被命名为"竹运输"作战。

竹一船队的船队指挥官为第 6 护卫船队司令官梶冈定道少将，参谋是今里义光大佐（军令部第 12 课防备主任部员）。

4 月 21 日从泗礁山（上海海域）出港的竹船队当时的编制是：

护卫舰只：布雷舰"白鹰"（旗舰），驱逐舰"朝风""白露""藤波"，海防舰"仓桥"，扫海艇第 12 号、22 号，驱潜艇第 37 号、38 号，特驱潜第 7 "玉丸"、炮舰"宇治"、"安宅"，以上 12 艘。[①]被护航船舶："和浦丸"、"御月丸"、"伯剌西尔丸"、"天津山丸"、"第一吉田丸"（以上为前往棉兰老岛搭载第 32 师团的船舶）、"但马丸"、"亚丁丸"、"阳山丸"（以上为前往曼诺瓦里搭载了第 35 师团的船舶）、"满洲丸"、"福洋丸"、"帝海丸"、"河南丸"、"云海丸"、"帝香丸"，其他 1 艘，合计 16 艘。

为了前往马尼拉而继续南下的船舶，在 4 月 26 日凌晨在吕宋岛西北海面遭到美军潜艇"鲹鱼号"攻击，"第一吉田丸"（搭载步兵第 210 联队主力）沉没，其他船舶在 28 日达到马尼拉。另外"第一吉田丸"的沉没导致 2700 人战死（生还者 800 人）。

竹一船队到马尼拉之前是海上护卫总司令部负责护卫，之后就是联合舰队负责护卫。所以除了旗舰"白鹰"之外的护卫舰全都被替换，联合舰队则派出了 3 艘新的驱逐舰和 3 艘其他舰艇参与护卫。运输船到了马尼拉之后因为分离等原因只剩下 9 艘，到马尼拉之后的船队编制如下：

船队部队指挥官以及参谋没有变化。

---

① 其中"安宅"在 22 日，"宇治"在 23 日离开护卫队，驱逐舰"栗"以及第 101 号扫海艇接替其进行护卫。

■ 护卫竹一船队的"栗"号驱逐舰，它是4月22日后加入的。

■ 击沉竹一船队亚丁丸的美军潜艇"鲔鱼号"（USS Gurnard SS-254）。

    护卫舰只："布雷舰白鹰"（旗舰）、驱逐舰"五月雨"、"藤波"、"白露"、第37号、38号驱潜艇

    加入船舶："和浦丸""御月丸""伯剌西尔丸""天津山丸""但马丸""亚丁丸""阳山丸""帝海丸"，以及其他1艘

    另外当初计划前往棉兰老岛的第32师团（"和浦丸""御月丸""伯剌西尔丸""天津山丸""第一吉田丸"），4月15日改为部署在马尼拉。

    5月1日从马尼拉出发的船队，途经苏禄海中央海上交通线进入西里伯斯海。在6日西里伯斯海东南部以9~10节航速警戒航行的时候，14时在北纬2度40分，东经124度5分的位置突然被美军潜艇"鲔鱼号"（USS Gurnard SS-254）的鱼雷攻击，"亚丁丸"（被命中两发鱼雷爆炸沉没）、"但马丸"（被命中2发鱼雷）、"天津山丸"（被命中一发鱼雷）接连沉没，陆军部队约700人死亡，6000名获救。

包括前面"第一吉田丸"的沉没，接连损失船舶的竹一船队，让期待增强新几内亚地区防御的日军各部门受到了极大的打击。大本营在 4 月 30 日以及 5 月 7 日，下达《大海指第 369 号》及《大海指第 370 号》命令，指示相关各部队增强护卫，另外显示出继续强力执行竹运输的意思。但是结果是考虑到新几内亚西部护卫的问题，另外还有陆军部队哈马黑拉岛登陆的情况，5 月 21 日大本营下达《大海指第 382 号》命令，解除对竹船队的护卫。

受到损失的船队在邦加泊地（西里伯斯海北端）躲避，5 月 9 日在瓦市里港，陆军部队终于登陆。另外陆军部队中第 35 师团，之后由海军舰艇以及其他船队，逐渐向新几内亚西部运输。

竹船队运输的中断，导致之后的新几内亚方面作战受到了重大影响。竹船队遭到的攻击使第 32 师团和第 35 师团的战力被大幅削弱。第 32 师团的步兵 9 个营只剩 5 个营，炮兵 4 个营被减少到只剩一个半营的兵力。第 35 师团能够推进到哈马黑拉岛的步兵营只有四个，炮兵几乎全部损失。

得知"第一吉田丸"被击沉的大本营，在 5 月 2 日将绝对国防圈前沿基地的萨米和比亚克岛由绝对确保地区名单中划除，降级为持久战地区。由于此后接连遭受的损失，大本营海军部认为很难将护送运输延伸到曼诺瓦里，5 月 9 日决定将曼诺瓦里以及盖尔文克湾一带也降级为持久战地区。在新几内亚方面新的绝对防卫战外围撤退到索龙至哈马黑拉岛间连线的后方。这意味着比起 3 月份的防卫计划，绝对国防圈的外围已经战略后撤了 970 公里。

→✶ ヒ 71 船队与战争后期日本商船的巨大损失 ✶←

ヒ 71 船队由给油舰"速吸"（18300 吨）、给粮舰"伊良湖"（9570 吨）、大型油槽船"帝洋丸"（9845 吨）、"永洋丸"（8672 吨）开始，包括"帝亚丸"（17537 吨）、"阿波丸"（11249 吨）、"北海丸"（8416 吨）、"玉津丸"（9589 吨）、"摩耶山丸"（9433 吨）等大型商船在内的 20 艘船队组成的重要船队，由海防舰"平户"、"仓桥"、"御藏"、第 11 号海防舰、

太平洋战争中日本各年年度损失商船数量（不包括渔船、帆船）

年度	数量（艘）	吨位（万吨）
1941	9	5
1942	204	89
1943	426	167
1944	1009	369
1945	746	172
合计	2394	802

由商船改造的护航航母"大鹰"、驱逐舰"藤波"、"夕凪"8 艘护卫舰艇进行护卫，由第 6 护卫船队司令官梶冈定道少将指挥，在 1944 年 8 月 9 日从门司出发前往昭南。

ヒ 71 船对在航行途中停泊马公休整，这时候有 5 艘船舶被调走，1 艘船舶加入，在 17 日出港。从马公出港的时候，8 艘护卫舰中又加入了从第 1 海上护卫队来的第三扫荡小队（"佐渡""松轮""日振""择捉"）以及驱逐舰"朝风"。这是因为当时本船队要通过美军潜艇活跃的巴士海峡以及南中国海，加强护卫力量也是理所当然。

但是本船队在进入巴士海峡之后马上就遭到了美军潜艇的攻击，通过巴士海峡之后的 18 日晚上到 19 日拂晓，在巴士西南海域ヒ 71 船队遭到了美军潜艇"雄鲑"号、"竹荚鱼"号、"朱红平鲉"号的猛烈攻击，近乎全军覆没。《第 1 海上护卫队战时日志》记载下了当时的情况。

ヒ 71 船队是重要船队，所以我们从高雄调来了第三扫荡小队以及驱逐舰"朝风"，合计 5 艘护卫舰，强化了护卫兵力之后向马尼拉前进。然而在 18 日 05 时 24 分"永阳丸"遭到雷击，在"夕凪"的护卫下前往高雄，船队加强警戒继续南下，在到达菲律宾西北岸的时候天气突然发生变化，下起了大暴雨，风向西南，风速 20 米导致船队视野不良，船队队形发生混乱。在 2225 船队尾部的护航航母"大鹰"突然遭到雷击沉没，船队全体开始紧

■ 正在下水的美军潜艇"竹荚鱼"号（USS Bluefish SS-222）。

■ ヒ71船队中的"日昌丸"货船。

■ 护卫ヒ71船队中的"夕凪"号驱逐舰。

急规避，但是因为视野不良，各船都在单独高速规避，得不到船队其他船只的支援。23时10分"帝亚丸"、19日00时33分"阿波丸"和"能代丸"、03时20分"速吸"、05时10分"帝洋丸"分别遭到雷击，"帝亚丸""速吸""帝洋丸"沉没，"能代丸"中破，"阿波丸"小破、"玉津丸"失踪（沉没），船队蒙受了巨大的损失。之后船队在圣费尔南多重新集结，之后向马尼拉继续前进。

另外，船队损失之后，"佐渡""松轮""日振"这三艘护卫舰留在现场，对附近区域进行对潜扫荡。经过了 2 天扫荡也就是直到 21 日才结束扫荡返回马尼拉。之后在马上就要进入马尼拉港的北纬 14 度 25 分，东经 120 度 0 分的位置，这三艘舰艇都遭到了美军潜艇的袭击，相继沉没。

受到大损失的ヒ 71 船队，在马尼拉进行重组，加入船舶 12 艘，在"平户"、"仓桥"、第 2 号海防舰、"御藏"、"藤波"、第 28 号驱潜艇 6 艘护卫舰的护卫下，在 8 月 26 日从马尼拉出发，9 月 1 日安全抵达昭南。

ヒ 71 船队的损失只是日本在战争后期损失的众多船队之一。盟军潜艇部队的增强以及行动的活跃化，此外还有盟军的反击，使得战机行动范围的扩大，都让日本商船的损失激增，日本的海上交通线已经面临被切断的危险。

首先就是日本海上交通线的减少。东南以及中部太平洋地区盟军的反击导致以这个地区为中心的日军国防圈周边海上交通线丧失了使用价值，随着日本商船损失的激增，日本只能逐渐放弃这些交通线。1944 年 6 月美军占领马里亚纳群岛，导致日本放弃了开战以来的一大海上动脉也就是日本本土到塞班岛的交通线，到了 10 月美军登陆菲律宾之后，日本最大的动脉南方资源交通线也面临着被美军切断的危机。另外，商船的损失在各方面都在激增，特别是南中国海北部为中心的，由美军潜艇导致的损失，以及日军占领的南洋地区、菲律宾为中心的由美军航母舰载机空中打击所造成的损失都很巨大，在 1943 年 11 月下旬到 1944 年 10 月这 11 个月内，日本损失的商船共有 970 艘，排水量达到 343 万吨，比战争中最大的计划造船建造目标量也就是《改八线表》（1944 年 3 月决定）的 255 万吨还多，另外其损失量未来降低的可能性很小。虽然日本国内尽全力提高"战时标准船"[①]的产量，但是日本商船损失量与建造量的差距，正在逐渐增大。

日本要面临的不仅只有船舶需求的逼迫，而日军为了太平洋广大地区的作战不断征用国内以及占领区的船只投入到前线消耗，就连在战前决定的"必须使用的 300 万吨商船运输老百姓所需的物资"都无法实现，导致本来物资方面濒临枯竭的日本陷入更加绝望的危机中。

---

① 日本在太平洋战争为了弥补商船的损失而大量的战时标准船型，其中大部分都是 1000 吨以下的小型商船。

⇥ 反潜水雷战与美军潜艇 ⇤
"大青花鱼"号的沉没

随着日本商船损失的不断增多，日军设想，如果能在特定航路的一定海域内设定一个安全航路带，利用地形，基地飞机的反潜哨戒作为保护伞，用反潜水雷区阻止盟军潜艇进入，再部署大量防卫所进行监视，这样就可以达到反潜防御的效果，提高在这个航路中自由航行的商船的运输效率。

日军意在建立由西南诸岛、台湾、菲律宾、婆罗洲连成一线的反潜阻止带。这会使东海、黄海、台湾海峡、南中国海成为日本商船的安全海域。这个安全海域中日本商船可以以自由航行的方式进行单独航行，可以发挥很高的稼行率。

为此，需要把岛屿和陆地相连建立水雷布设线。海水太深无法布设水雷的地方，就在附近设立瞭望哨，用电波探信仪以及水中听音机来监视，另外舰艇以及飞机也进行例行的哨戒。

过去日军只进行过对日本本土沿海地区的防御性布雷，除了在本土的重要港口以及东京湾口到本州北端的海域、宗谷海峡进行布雷之外，只在1943年5月为了对抗日渐增强的美军潜艇部队，在黄海北部进行了防御性布雷。

而因为航路带构想首先就要确保南方资源交通线必经之路中国东海东南海域的安全，所以日军紧急拿出对苏作战用的2万枚水雷，布设在中国东海东南海域。之后日军也开始在台湾海峡、南中国海到菲律宾周边主要水道以及大隅海峡、种子岛海峡布设水雷。

进入1945年之后，从中国大陆到日本的海上交通线对日本变得尤为重要，于是日军又在对马海峡布设了水雷防御美军潜艇的入侵。

既然日军建立了水雷区，布设了几万枚水雷，这些水雷区对美军的潜艇产生了什么作用呢？

1944年11月7日12时35分，北海道渡岛支厅东南部惠山水雷区附近。

隶属第28扫海队的特设扫海艇"第七福荣丸"正在惠山水雷区以7节航速"之"字运动。当时天气是多云，能见度15千米，西北风，风速8米。

　　"扫海队的人又搜索来了。可惜他们什么都找不到啊。"岸上的日本百姓看着看的"第七福荣丸"笑着说。

　　就在此时，惠山灯塔的 105 度，距离 3.5 海里的位置，突然传来了巨大的爆炸声，随即 20 米高的水柱腾空而起，之后又是一声爆炸，一小片飞机机翼状物体从海底飞向了空中，然后再次沉入了海底。

　　岸上的日本百姓并不知道，"第七福荣丸"执行的并不是普通的例行扫海任务。在一个小时前在惠山水雷区附近的 20 度 6 海里处，瞭望员曾经看到了一个类似潜望镜的物体在海面上若隐若现。于是瞭望员迅速把情况报告了附近海军的扫海部队，扫海部队随即命令在附近执行例行扫海任务的"第七福荣丸"搜索这个不明物体。

　　爆炸就发生在"第七福荣丸"舰首左 17 度 2500 米的位置，其产生的冲击波甚至撼动了"第七福荣丸"的船身。而飞上天空的那个飞机机翼状物体则是美军 1 艘潜艇的。

　　"第七福荣丸"的船员在惊讶之余迅速进入了作战状态，立即转舵前

■ 声名卓著的美军潜艇"大青花鱼"号（USS Albacore SS-218）。

■ 正在进行全速公试航行的"大凤"号航母，后来被"大青花鱼"号击沉。

往爆炸现场附近，打开了水中听音机对附近海域进行搜索。

爆炸约 5 分钟后，大量气泡出海底涌出，然后逐渐减少，随后从海底流出大量重油。在 7 分钟后，海底浮出梅干大的无数油泡其中还混着甲板木片、软木塞、被子、书籍、烟草、服装、粮食等物品，其中一部分被"第七福荣丸"作为参考物回收。

于是，在 1945 年 11 月 15 日，大凑防备队的《敌潜艇击沉确认详报第1 号》中，报告 1 艘美军潜艇在惠山水雷区附近触雷沉没。

这艘不幸触雷的美军潜艇正是在太平洋战争中历下赫赫战功的"大青花鱼"号（USS Albacore SS-218），属于"小鲨鱼"级潜艇，于 1942 年 6月 1 日服役。"大青花鱼"号潜艇共击沉了日本的 13 艘船只，其中包括"涟"号和"大潮"号驱逐舰以及"天龙"号轻巡洋舰。而 1944 年 7 月在马里亚纳海战中用鱼雷击沉日本新锐航母"大凤"号更是她服役生涯的巅峰。在短短三年的生命中，她的总击沉吨位高达 74100 吨，是美军潜艇部队里战功最卓越的潜艇之一。

根据美军方面的记录，"大青花鱼"号在 1944 年 10 月 24 日离开珍珠港，10 月 28 日在中途岛加满油之后很快失踪了，从此杳无音讯。1944 年 12 月21 日"大青花鱼"号被认定失踪，1945 年 3 月 30 日除籍。而美军战后才得知是日本的水雷击沉了"大青花鱼"号。

纵观整个太平洋战争，真正被日军击沉的美军潜艇少之又少，其击沉记录更是少得可怜。而"大青花鱼"号的击沉记录在大凑防备队的《敌潜艇击沉确认详报第 1 号》中足足用了一千多字来叙述，不得不说是一种讽刺。

⟿ 美军的对日海上破交战与对日水雷战 ⟵

美国海军太平洋舰队潜艇部队和西南太平洋潜艇部队（1942 年 4 月 18日由"亚洲舰队潜艇部队"改称），是太平洋舰队以及西南太平洋部队（1943年 2 月 19 日以后隶属第 7 舰队）分别指挥的部队，相互之间还没有统一的指挥机构。如果遇到需要共同作战或者互相支援的情况下，包括大西洋舰队潜艇部队在内的三个潜艇部队会使用之前制订的协定进行作战行动。

这两个潜艇部队，以中国沿岸之间的北纬 18 度 30 分、东经 130 度线、赤道以及东经 160 度线作为分界线，北方以及东方海域是太平洋舰队潜艇部队负责，南方以及西方由西南太平洋潜艇部队负责。

但是这个分界线并不是特别严格的。有的时候在进行特殊作战的情况下，考虑到战术方面的必要，双方都是可以越线的。

1943 年 4 月，原来主要作为单舰对日军进行攻击的美军潜艇部队，渐渐开始使用了狼群战术（集体攻击战术）。美国海军采用的狼群战术，是从德国海军的狼群战术中演变而来的，但不是使用 12 艘到 20 艘潜艇进行大规模攻击而是使用 3~4 艘潜艇进行小规模攻击。这是因为大西洋上面的盟军船队，基本都是 40~80 艘的大船队，而日本的船队普遍都是 6~8 艘的船队，最多也只有 15~40 艘左右而已。

到了 1944 年 10 月的时候，美军潜艇部队所需的各项装备基本完善，其中包括夜间潜望镜、新型超短波雷达、无音探深仪、以及 FM 声呐，甚至还有敌我识别系统。

当时，对于美军潜艇来说最理想的作战海域是日本南岸，黄海，中国东海以及南中国海，所以南中国海的北部、台湾海峡，巴士海峡以及中国大陆附近海域是美军潜艇活动最频繁的区域。其中南中国海北部海域是美军潜艇最为活跃的区域，在 1944 年 8 月被美军击沉的日本商船中，三分之一都是在这片海域被击沉的。

1944 年秋美军在菲律宾莱特岛登陆之后，伴随在菲律宾地区的反攻，南中国海方面的海上破交战中，美军航空部队的作战规模逐渐增大。但是日本本土到南方海上交通依然在进行，通过菲律宾附近海域途经中国东海、台湾海峡、巴士海峡进入南中国海的日本船舶依然很多。

为此美军潜艇部队为了阻止菲律宾地区日军的反击以及切断日军的补给，在巴士海峡西北岸部署了第 7 舰队的 14 艘潜艇，在日本到菲律宾之间的航路上部署了太平洋舰队的 26 艘潜艇。

随着美军的不断反击，美军潜艇部队的战线也在逐渐向西移动。1944年上半年，美军潜艇部署的重点地区是与美军反攻中部太平洋地区相关联的南洋群岛海域以及日本本土，小笠原、马里亚纳一线，另外其他剩下的潜艇的部署重点是日本本土到新加坡之间日本的重要海上交通线南方航路。

1944年6月的美军在马里亚纳地区的作战结束之后，其潜艇部队的作战区域全部转移到西面，也就是以菲律宾周边海域为中心的地区，在日本的南方资源海上交通线周围集中部署。另外在作战海域行动的美军潜艇数量，从1943年的平均每日18艘，增加到了1944年的26艘。

此外盟军的战机也参加了对日海上破交作战。1944年2月17日美国海军第5舰队（航母机动部队）对特鲁克进行的猛烈的空袭，这次空袭不只是要进行海上破交战，其主要目标更是破坏特鲁克这个日军重要的军事基地，当然在特鲁克停泊的日本船舶，特别是输油船的损失让日本十分心疼。

前面提到的美军第5舰队，在3月末又对日本占领的帕劳进行了空袭，同样击沉了很多日本船舶。

1944年上半年，美军的陆基航空部队也开始活跃起来，在拉包尔、新几内亚北岸以及华南地区，美军陆基航空部队击沉了很多日本船舶。但是到了下半年因为目标变少，其战果也急剧减少。

由哈尔西将军率领的美军第三舰队，于1945年1月7日到8日通过巴士海峡进入了南中国海，12月到达法属印度支那沿岸并对附近的日军发动

■ 前往帕劳执行轰炸任务的SBD攻击机群。

■ 正在拉包尔附近袭击日本油轮的B-25轰炸机。

■ 美国海军PB4Y-2"私掠船"巡逻机。

攻击。期间日军共损失舰艇11艘，商船48艘（221179吨）。第3舰队深入南海可谓直插日本海上交通生命线南方航路的交汇点，也预示着日本最重要的海上交通线南方航路的终焉。

进入1945年上半年，美军已经逐渐逼近日本本土。此时美军已经开始考虑如何彻底瘫痪日本的海上交通了。最有效的方法就是在日本各大港口以及水道布设水雷。虽然在过去也有少量美军潜艇以及飞机对日本本土以及其占领地区的港口进行过布雷，但是这只是辅助性的战术性布雷，对日本内地主要港口的战略性水雷战正式开始还是在1945年3月27日。

美军把对日水雷战称为"饥饿作战"，以提尼安岛为基地美国陆军航空兵第21轰炸机部队负责实施。这个作战以美国海军准备的计划为基础，美国陆军航空部队实施，共分5个阶段实施，从1945年3月27日一直进行到8月15日终战当天。其中在第四阶段水雷战中美国海军首次派出PB4Y-2巡逻机在朝鲜南岸地区布雷，阻断日本与大陆的海上交通线。期间美军共空投了12135枚水雷，日本本土周边就有11277枚水雷，其中被日军排除的水雷只有1329枚，而美军水雷在这个期间导致日本30万吨的商船沉没，40万吨商船受损，对日水雷战获得了成功。到1945年5月末，日本本土太平洋沿岸各大港口均因被水雷封锁而无法使用，7月末日本本土日本海沿岸各大港口也陷入同样的状态，濑户内海无法通行任何船舶，日本的海上交通彻底陷入了瘫痪状态。

⇀ 日本海军的护卫舰艇以及 ↼ 商船配备的武器情况

　　太平洋战争中日军的护卫舰艇，在战争前期主要是少量旧式驱逐舰以及水雷艇作为主力，扫海艇、驱潜艇、特设舰船则作为辅助力量。到了战争后期随着海防舰的不断竣工，海防舰渐渐占据了主力的地位。

　　海防舰的量产性、水雷搭载数量、续航力、耐波性、居住性比其他护卫舰都要好，所以作为护卫舰艇的主力建造，活跃在战场上。但是海防舰也有很大的缺陷。其致命的缺点就是速度太低，甚至不如水下航行的美军潜艇速度高。特别是丙型以及丁型海防舰17节左右的航速，连船队中的高速船都追不上，比美军潜艇速度还低的海防舰，作为反潜护卫舰艇的本质性条件就失去了。但是客观情况不允许日军对其再进行改进，为了量产就必须建造这种有缺陷的舰艇。

　　海防舰量产之前，作为护卫舰的主力活跃的是旧式驱逐舰以及水雷艇，作为护卫舰使用的旧式驱逐舰以及水雷艇的类别，详细资料在下表中。作为护卫舰艇其最大有利点就是航速更高，缺陷就是续航距离短。但是在进行西南航路的护卫任务中，其缺陷并不是致命的，所以第1海上护卫队方面这些舰艇一直在活跃。其中的睦月型驱逐舰，最适合作为护卫队指挥官的乘舰，若竹型驱逐舰以及鸿型水雷艇，则作为主力舰艇使用。特别是旧

■ 第13号驱潜艇，同型号首艇。

■ 正在躲避B-25轰炸机袭击的驱潜艇。

■ 第33号扫海艇，属于第19号型。

式驱逐舰的高速性能导致其成为日本海军护卫部队中相当宝贵的护卫舰。

还有就是仅次于海防舰执行护卫任务数量的驱潜艇。驱潜艇（猎潜艇）原本是作为港湾防备用的对潜舰艇，其小型版本耐波性十分糟糕。

另外其中比较大的第13号型以及第28号型，在外洋进行护卫时的航速，是16节左右的低速，所以其航速与海防舰不相上下，作为护卫舰的价值很低，也是当然的情况。

比起驱潜艇，日本海军的扫海艇（扫雷艇）的排水量更大，航速可以达到20节左右，在同样的情况下比护卫用的海防舰更加有力，因为需要扫海的地方不多，所以日本海军也把扫海艇投入到了护卫作战中。

但是因为其作为扫雷用舰艇，搭载深水炸弹的数量当然很少，所以综合战力比海防舰更差。

日军还把一些特设炮舰投入到远洋护卫任务中，展现出了优秀的性能，得到了很多战果。第2海上护卫队的长运丸就其中的一个例子。但是这些特设小舰艇，在性能以及装备方面都只是能作为地区型防御使用的程度而已。

此外，日军在战争期间的主要反潜武器就是深水炸弹（日本海军称之为"爆雷"）。其中投入实战的有九五式深水炸弹、二式深水炸弹、三式深水炸弹（又称"三式爆雷一型"）以及小型深水炸弹（又称"小型爆雷"）这四种，其中开战的时候其中主要使用的深水炸弹是九五式深水炸弹（铁桶型）。对九五式深水炸弹的调定深度以及起爆装置进行改进的二式深水炸弹（铁桶型）在1942年被日本海军采用为制式兵器，之后日军为了提高深水炸弹下沉速度、增强威力等目的又新研发了三式深水炸弹（尾翼流线型），在1943年被日本海军采用为制式兵器。另外与舰船搭载的普通深水炸弹不同，作为小型的商船搭载的深水炸弹，小型深水炸弹（啤酒桶型）在1943年也被日本海军采用为制式兵器并投入使用。

在太平洋战争中特别是后半期，伴随着日军反潜舰艇数量的增加，对深水炸弹的需求当然也在激增。但是对应需求的增加，日本在战前的储备以及战争中生产的数量依然不能满足需要。

开战初期，作为爆雷的炸药，主要使用的是水中爆炸威力大的八八式炸药。到了1941年12月10日，第10号扫海艇在美岸海域遭到盟军战斗机的扫射，上甲板搭载的深水炸弹被命中导致殉爆。这个事故证明的爆雷的主要炸药八八式对冲击过于敏感，给日本海军相关各部门很大的冲击。

所以作为对策，日本海军的水雷部门开始进行研究安全炸药，在半年之后得到成果"又称一式炸药"（1943年作为一式炸药正式被采用为兵器），用以取代八八式炸药。也就说之前叙述的在战争初期，日军的主要深水炸弹九五式以及二式的炸药，从八八式被替换成了一式炸药。

深水炸弹在敌潜艇被推定的潜航地点投下的情况下，与潜艇的移动相伴位置误差开始增加，为了在敌潜艇逃出原来的潜航地点之前被深水炸弹击中，投下深水炸弹之后必须要让命中的时间缩短。但是如果下沉的速度过大，投放深水炸弹的舰艇就没有安全离开爆雷的爆炸范围的富裕时间，这是很危险的。特别是低速舰的情况下这种危险还会变得更大大。为此九五式深水炸弹的下沉速度被设定为1.9米/秒，使用降落伞的话可以把下沉速度控制在1米/秒。

但是开战之后，作战部队不断需要下沉速度大的深水炸弹，于是在1943年被采用成制式兵器的三式深水炸弹，沉降速度被增加到了3.8米/秒。

深水炸弹当然距离目标越近爆炸效果越好。几五式深水炸弹的调定深度最初只有60米，伴随着美军潜艇的潜航深度不断增大，日军在一部分九五式深水炸弹上增加了辅助用应急性注水孔，可以下沉到90米深度。但是90米也不够，日军一部分实战部队只能自己改造深水炸弹提高其爆炸深度。

除了日本海军的护卫舰艇之外，当时不少日本的商船为了自卫也安装了武器。但是其中大部分商船因为资料缺失等原因，其细节方面的问题从未被深入研究过。特别是为了运输兵员而被日本海军征用的商船，其为了搭载兵员而进行的内部改造以及各商船的武装配备，其细节至今不明。其原因是因为现存的照片以及图纸非常少，所以无从查证。这些对船内的改造只能通过当时相关人员的笔记进行想象，或者直接通过相关人员的回忆来得知当时的具体改造情况。

而武装配备方面，可以从低空攻击日本商船的美军飞机拍摄的照片中，判断商船局部性的武装配备情况，但是因为即使是这样也只能判断出商船的部分武装配备情况，进行全体性判断的资料是没有的。

有一个例外就是，外形与商船非常相似的日本陆军进行登陆作战的时候使用的"舟艇母船"，其图纸到现在依然可以找到。从图纸上可以清晰地显示出该船配备武器的情况。但是这只是一种特殊船，仅能作为参考，不能用这种船的标准来和海军征用的商船去对比判断。

为什么资料这么少呢？笔者觉得是因为以下的原因。例如一艘被作为运兵船的货物船，要在其甲板上搭载兵员，所以就以为士兵搭载而建的"蚕棚"为例，这艘货物船被分配到运兵船的改造序列之后，会向广岛县的宇品回航前往最近的造船厂，到达宇品之后等候在此多时的船舶工兵队以及造船所的木工，马上就开始用木材在甲板上搭建木棚子，经过2到3天的努力就可以完成搭建工作。这样这艘船就完成了在甲板上搭载士兵的改造。

但是这样的话，因为经过改造的商船不可能都是一种商船，本来就存在着千差万别，而且其内部的构造也同样不同，绘制的改造图纸也是非常繁杂。另外搭建棚子的时候，因为每个木工的手法不同，而且当时还要求"具体做法请现场判断"使很多改造工程并没有留下图纸。此外因为当时改造商船的细节本来就属于军事机密，所以很多照片这类的资料就没有被留下。

海防舰性能表

项目＼种类	甲型海防舰				丙型（奇数编号）	丁型（偶数编号）
	占守型	择捉型	御藏型	日振型（改乙）		
同型舰数量（未完成）	4	14	8	29（4）	53（12）	63（8）
标准排水量（吨）	860	870	940	940	745	740
全长（米）	78	77.7	78.77	78.77	67.5	74
全宽（米）	9.1	9.1	9.1	9.1	8.4	8.6
航速（节）	19.7	19.7	19.5	19.5	16.5	17.5
续航距离（节／海里）	16/8000	16/5000	16/5000	16/5000	16/6500	16/4500
推进系统	柴油	柴油	柴油	柴油	柴油	涡轮
深水炸弹搭载数量	60	60	120	120	120	120
武器	12cm 高角炮 ×3 25mm×4	12cm 高角炮 ×3 25mm×4	12cm 高角炮 ×3 25mm×6	12cm 高角炮 ×3 25mm×6	12cm 高角炮 ×2 25mm×6	12cm 高角炮 ×2 25mm×6

参加海上护卫作战的旧式驱逐舰与水雷艇的性能表

舰型	睦月型	若竹型	千鸟型	鸿型
种类	一等驱逐舰	二等驱逐舰	水雷艇	水雷艇
标准排水量（吨）	1315	820	535	840
水线长（米）	97.54	85.34	75	85
宽度（米）	8.92	8.08	7.4	8.18
续航距离（节／海里）	14/4000	14/3000	14/3000	14/3000
航速（节）	37.25	35.5	30	30.5
推进系统	涡轮	涡轮	涡轮	涡轮
武器	12cm 炮 ×4	12cm 炮 ×3	12cm 炮 ×3	12cm 炮 ×3

参加海上护卫作战的驱潜艇性能表

项目 类别	第1号	第3号	第51号	第53号	第4号	第13号	第28号
同型舰数量	2	1	2	1	9	15	34
标准 排水量（吨）	266	270	170	170	291	438	420
水线长 （米）	64.0	55.0	44.5	44.5	55.5	49.0	49.0
宽度 （米）	5.9	5.6	4.8	4.8	5.6	6.7	6.7
航速 （节）	24	20	23	23	20	16	16
续航距离 （节/海里）	14/1500	14/1500	14/800	14/2000	14/2000	14/2000	14/2000
推进系统	柴油	柴油	柴油	涡轮	柴油	柴油	柴油
搭载深水 炸弹数量	36	36	18	18	36	36	36
武器	40mm×2	40mm×2	40mm×1	40mm×2	40mm×2	13mm×2	13mm×2

参加海上护卫作战的扫海艇性能表

项目 类别	第1号	第5号	第13号	第15号	第17号	第7号	第19号
同型舰数量	4	2	2	2	2	6	17
标准排水量 （吨）	600	620	500	500	578	630	648
水线长（米）	74.3	75.0	72.0	72.0	70.0	71.3	71.3
宽度（米）	8.03	8.25	8.20	8.20	7.85	7.85	7.85
航速（节）	20	21	20	20	19	20	20
续航距离 （节/海里）	10/2000	12/2000	12/2600	12/2600	12/2600	14/3000	14/3000
推进系统	蒸汽	蒸汽	蒸汽	蒸汽	涡轮	涡轮	涡轮
搭载深水炸 弹数量	36	36	18	18	36	36	36
武器	12cm×2 8mm×1	12cm×2 8mm×1 12mm×1	12cm×2 13mm×2	12cm×2 13mm×2	12cm×2 13mm×2	12cm×3 25mm×2	12cm×3 25mm×2

另外商船的武装配备情况缺少资料的原因与上面例子中木工的改造工作同理，都是根据"具体做法请现场判断"来现场进行改造，而且同样也是军事机密。所以笔者只能根据少量照片以及相关人员的回忆来推断太平洋战争中日本商船的武器配备情况。

（1）商船配备武装的基本情况

在太平洋战争开始的时候，日军为了入侵东南亚而准备了400艘商船。其中1000吨以上的商船基本都安装了武器。其安装的武器有高射炮与高射机枪，这时候日军征用的商船主要安装的就是这两种武器。因为准备入侵东南亚主要是日本陆军方面的计划，所以这些商船也基本都由日本陆军征用，所以商船上操纵这些武器的都是陆军的船舶炮兵队员。而虽然日本海军征用的商船上也配备了相似的武装，但是日本陆海军的武器基本都是不一样的，高射炮（海军称其为"高角炮"）与高射机关炮性能也当然存在差别，使用的炮弹也不同。

因此，日本陆海军征用商船上为安装武器而准备的炮座也完全不同，所以给当时负责商船改造的造船所造成很多麻烦。

因为在运输船方面，陆军征用的商船数量要远远压过海军，所以以下就主要以陆军征用商船的武器配备来概况日本商船武器配备。

初期的入侵作战中，这些被陆军征用的商船组成一些船队，前往作战地区，这些船队中必定有一艘或者数艘是防空船。防空船比船队中的其他运输船安装了更多更强的防空武器，可以在敌机来袭的时候作为船队中的防空炮台使用，这种船一般由6000吨的货物船改造，安装了高射炮6到8门或者高射机关炮（单装）6~10门。与此相对船队中的其他运输船只有2~4门高射炮。

举个例子，参加马来亚登陆作战的3艘征用商船（"淡路山丸""绫户山丸""佐仓丸"），其中"佐仓丸"被指定为船队的防空船，安装了8门高射炮。另外参加菲律宾登陆作战的6艘运输船中，亚利桑那丸被指定为防空船，安装了高射炮6门，高射机关炮（单装）10门。

日本战时商船的武器根据记录，是在1942年8月开始的瓜达卡纳尔岛战役之后相继发生变化的。这个变化其实很简单，参加作战运输的运输船队中不仅只会有一艘运输船作为防空船，有的时候全部的运输船都安装了防空船所需要的武器。随着战况对日本越发不利，以及日本商船损失量的增大，到战争后期的菲律宾战役时，日本全部的运输船全部都安装了比战争初期强大数倍的武器。

除了安装对空武器之外，大部分被陆军征用的商船还安装了其他武器。从开战初期开始，攻击日本商船的主要就是美军的潜艇以及飞机。为了对付潜艇，日本商船在太平洋战争中配备的武器一直都是"野炮"。

美军的潜艇在 1942 年的时候数量还非常不足，无法在广大的太平洋地区作战。另外其鱼雷的可靠性也非常糟糕，导致潜艇作战相当无力。到了1943 年三月的时候美军潜艇的鱼雷问题终于得到了解决，新潜艇也不断下水服役，而且美军潜艇部队还积极采用了德军潜艇使用的"狼群战术"，于是太平洋海域日本商船的损失开始激增。

当时没有开发有效反潜系统的日本面对美军潜艇唯一的攻击方法，就是对上浮的潜艇进行炮击以及深水炸弹攻击。运输船在很早就配备了野炮来对付美军的潜艇，之后野炮的装备更加积极，这时候因为日军还没有开发出美英那种前投式深水炸弹，所以野炮是日本商船唯一可以在迎角发射炮弹攻击美军潜艇的武器，还可以向海面射击，造成正在投放深水炸弹的假象，作为前投式深水炸弹的代用品，陆军的大口径迫击炮也被安装到了运输船上。

深水炸弹一般配备在船队高速船的船尾，一般只有 10 枚左右，但是没有探知美军潜艇正确位置的时候，深水炸弹的投放也只是一种对美军潜艇的威慑而已。

话题转回防空武器。1944 年 10 月开始的菲律宾战役，特别是对莱特岛的争夺战中不断上演着激烈的短兵相接，日本陆军为了给莱特岛上的部队补充兵员以及物资，派出了大量的运输船。但是当时莱特岛周边的制空权完全被美军控制，运输船不断被美军飞机击沉。这次作战中日军投入的商船，其配备的武装千差万别，比如"能登丸"（日本邮船，排水量 7185 吨），在艏部与艉部各安装了高射炮 2 门，两舷也安装了 20mm 高射机关炮（单装）各 2 门，商船型的陆军登陆用舟艇母船"高津丸"，艏部有 2 门高射炮，艉部有 4 门，舰桥以及两舷共有 20mm 高射机关炮（单装）6 门，此外船员中也配备了一些防空武器，合计共有 36 挺 7.7mm 机枪。

但是面对从云层中窜出的蜂拥而至的美军战机，这些防空武器也没有起到什么作用，商船还是一艘接着一艘被击沉。

进入 1945 年之后日军从新加坡运输石油到日本本土的希望已经十分渺茫，当时为了不惜一切代价把石油运回日本本土，哪怕只有一艘输油船能能到达日本本土都要努力的日军，把数艘幸存下来的输油船编成了船队，展开了名为"南号作战"的特攻性运输作战。

南号作战中一共进行了 11 次运输，投入了 30 艘油槽船，其中安全到达日本本土的油槽船不过 6 艘。在这次南号作战中安全返回日本的输油船种，"赛利亚丸"（三菱汽船，排水量 10238 吨），投入作战的时候安装了强大的对空武器，舰首有 2 门高射炮，20mm 高速机关炮在舰桥周围有 4 门，艉部还有 20mm 高射机关炮 4 门，13mm 高射机关枪在舰桥周围有 4 艇，艉部也有 4 挺。

越来越激烈的战场环境让日本商船的武器越来越多，但是这样的武装配备限于武器本身的性能，也并不能阻挡美军的攻击。

（2）武器的种类与性能

日本在战争期间的商船主要由陆海军征用，而陆军与海军所属商船配备的武器则完全不同。这是因为对武器的用途以及武器操作方法上，陆军和海军有着很大的区别。海军征用船安装的武器都是过去在海军舰艇上使用的，用途也没有区别，在商船上装备也能发挥其性能。

但是海军在商船上装备的高角炮，都是从老式舰艇上拆下来的十年式 12cm 单装高角炮，还有三年式 8cm 高角炮。但是也有一些商船装备了当时现役的九六式 25mm 机关炮。这种机关炮有单装、双联装、三联装 3 种，商船装备的主要都是单装型号。

陆军征用船舶的主要高射炮是八八式 7cm 高射炮，这种高射炮的陆军

■ 十年式12cm单装高角炮。

■ 九六式25mm机关炮。

■ 八八式野战高射炮。

■ 跟古董差不多的三八式野战炮。

■ 第十七号海防舰，使用了十年式12cm单装高角炮。

野战高炮部队的主要武器，最大射高为9100米，初速720米/秒，在1928年被日本陆军采用为制式兵器，但是这种武器在太平洋战争中面对先进的美军飞机几乎毫无办法。

陆军的野战高炮部队的主力还有高性能的九九式8cm高射炮，但是这种火炮主要装备前线部队，而当运输船要求配备新型高射炮的时候，陆军方面的回答总是"有比没有强"，于是八八式7cm高射炮就一直作为陆军运输船的主要防空武器。

另外，作为陆军运输船主力高射机关炮的是九八式20mm高射机关炮。海军运输船的主力高射炮是九六式25mm机关炮，比起陆军的20mm炮弹，威力更加强大。但是日本陆军与海军的矛盾导致陆军拒绝让自己的运输船配备海军的机关炮。等到战争末期的时候陆军的运输船也开始安装海军的九六式25mm三连装机关炮的时候，已经太晚了。

九八式高射机关炮的射速为1秒钟2发，比起海军的九六式1秒钟4发的速度来说慢了不少，不能对付美军从战争中期开始装备的多种新式战斗机。九八式其瞄准器是机械式简易瞄具，此外九八式还经常发生炸膛事故，炮弹的散布距离也非常广，无法做到精确射击，这是因为其冷却系统的缺陷导致的。所以实际战斗中使用九八式高射机关炮的炮手都对九八式有很糟糕的评价。

日本商船在防空作战的中失败，其原因在于军部对其认知不足，也就是对先进对空武器的认知不足，换言之就是没有意识到日本陆军的防空武器已经落后的显示，也当然不会进行改进的努力。这样不改进武器性能，只会一味地把更多有缺陷的武器装上商船，必定会在防空作战中失败。

前面所提到的野炮，主要就是陆军在明治三十八年（1905年）采用为制式武器的三八式野炮，运输船上安装的都是经过改造增大迎角的三八式野炮。

这种火炮的口径为75mm，最大射程15000米，但是这种炮的炮弹初速只有520米/秒，甚至连潜艇的外壳都不能击穿，而且初速过低导致炮弹的直射性能受到严重影响，在实战中很难命中美军的潜艇，但是炮弹不断击中美军潜艇周围的海面，也可以对其进行心理上的恐吓。这种炮一般固定在舰首的炮座中，可以进行360度旋转，另外迎角最大为45度，还可以代替前投式深水炸弹。此外在日军在运输船上还安装了九四式山炮（口径75mm，最大射程8300米）来代替三八式野炮。

除了野炮之外，迫击炮也被安装到了商船上，作为前投式深水炸弹的代用品，对潜艇进行威慑。商船上安装的迫击炮大部分都是二式12cm迫击炮，其口径12cm，最大射程200米，其炮弹的威力比较接近当时美国海军主要使用的前投式小型深水炸弹，所以在无法探知美军潜艇正确位置的时候，其威力几乎等于0，只能产生威慑性的作用。

另外部分运输船还配备了少量深水炸弹。日本的运输船携带深水炸弹是从1942年7月开始的，之后在1943年下半年美军潜艇开始展现其威力之后，深水炸弹更是成了日本运输船的标准配备。但是装备深水炸弹的商船也是有要求的，商船船员必须要有战斗经验，而且其航速要超过10节才能装备。其理由是因为低速船在投下深水炸弹之后，很容易无法离开深水炸弹的爆炸半径导致船体受损，所以其必须要达到10节以上航速。

搭载了深水炸弹的商船，其船尾有专门固定深水炸弹的架子，这个架子上安放着5~10枚深水炸弹，但是运输船不能积极的攻击美军潜艇，只能在遭到美军潜艇攻击之后使用深水炸弹进行反击。更多情况下深水炸弹只是运输船对美军潜艇的威慑性武器。

除了这些武器之外，部分日本商船还安装了九四式37mm速射炮、一式47mm速射炮、90式野炮、各种迫击炮、九二式重机枪、还有在作战中缴获的各种敌国武器。

还有一种不是火器的兵器，在一部分商船上也有配备，那就是反潜战使用的水中听音机以及电波探信仪。

这些设备是海防舰、驱潜艇、驱逐舰等海军舰艇上安装的主要反潜探测设备，部分运输船经过改造之后也可以安装这些设备。但是这些设备只能在来袭鱼雷接近商船1500米的时候才能探测到，而且其杂音也非常多，使用这种设备的人员技术必须非常娴熟。此外电波探信仪的探测很容易遭到运输船无线电通信的干扰，所以也发挥不了太大的作用。

这里特别要说一下日本海军大量装备的一种对海电波探信仪（对海搜索雷达），叫作"2 号 2 型电波探信仪"（简称"22 号电探"）。这种电波探信仪在 1944 年开始大量装备日本海军的各型舰艇，其中包括海上护卫总司令部所属的护卫舰艇。然而它最远只能到探测 35 千米之外的大型海上目标（比如战列舰），而面对水下的潜艇几乎毫无办法。

⇥ ヒ 86 船队的毁灭与 ⇤
海上护卫作战的终结

1944 年秋美军在菲律宾莱特岛登陆以来，以南中国海北部为中心，日本的海上交通生命线南方航路中的西南方面航路，面临着被美军切断的巨大威胁。但是这种情况下，还有残存的日本船舶集合起来，企图把物资运输到日本。

1945 年 1 月上旬，法属印度支那南部的头顿港，集结了一支满载以石油为主的重要南方物资的船队。这就是ヒ 86 船队。这个船队由护卫过ヒ 85 船队，在 1 月 6 日到达头顿的第 101 战队进行护卫，其编制为：

船队部队指挥官：第 101 战队司令官涩谷紫郎少将

护卫部队：第 101 战队（旗舰：轻巡洋舰"香椎"，属舰：海防"舰鹈来"、"大东"、第 27 号、第 23 号、第 51 号）

被护航船舶："极运丸"（10045 吨）、"圣路易斯丸"（7268 吨）、"昭永丸"（2764 丸）、"大津山丸"（6859 吨），以上为油槽船；"豫州丸"（5711 吨）、"永万丸"（6968 吨）、"建部丸"（4519 吨）、"辰鸠丸"（5396 吨）、第 63 "播州丸"（533 吨）、"优情丸"（600 吨），以上 10 艘。

ヒ 86 船队在 1 月 9 日上午 12 点在头顿出发前往门司，出击之前，ヒ 86 船队已经得到了美军登陆运输部队在林加廷湾出现的情报，预测到前面的危险情况，船队部队指挥官但是如果继续等下去的话时态可能会更加恶化，所以决定立即出发。

出发的第 2 天傍晚ヒ 86 船队与美军 B–29 接触，这样船队就被美军发现了，但是ヒ 86 依然继续航行，在 11 日凌晨在云峰湾暂时停泊之后，在 2120 到达归仁湾，并在此处停泊。

11 日 06 时 45 分离开归仁湾的ヒ 86 船队，沿着法属印度支那北上。在上午 8 时 55 分美军舰载机突然从天空中突击下来，开始对ヒ 86 船队进行攻击。这时候船队虽然击退了美军的攻击，但是舰载机的出现说明美军的高速航母机动编队就在附近，于是船队部队指挥官在上午 9 时 10 分命令护卫船队对空警戒，在 10 时下达船队部队最大战速即时待机的命令。

上午 11 时刚过，美军舰载机开始对ヒ 86 船队进行第一波正式空袭，ヒ 86 船队各船都开始进行规避运动，各护卫舰用对空火力应战，这波空袭导致"永万丸"被击沉。知道船队的前途非常危险的船队部队指挥官在上午 11 时 40 分下达"如果出现意外，请做好销毁机密文件的准备"的命令，做好了遭遇非常情况的觉悟之后继续北上。

第二波空袭在 12 时开始了。空袭直到 18 时 30 分才结束，数次反复攻击，总计有 150 架美军舰载机对本船队进行了攻击。因此船队被护航船舶全军覆没，护卫船队里"香椎"、第 23 号、第 51 号海防舰被击沉，船队部队

■ "香椎"号巡洋舰。

指挥官与"香椎"号共命运了。

之后，幸存的海防舰只有三艘，"鹈来"、"大东"、第 27 号海防舰，ヒ 86 船队的全部被护航船舶已经不复存在，当时海防舰"大东"号舰长，内崎强预备大尉这样回想：

敌人的空袭从早晨到傍晚一直没停，船队不被歼灭他们就不停止攻击。只要有一艘船幸存，他们就会彻底地再来一次攻击。在这样的空袭中，大东之所以能幸存 因为我们的上面有云，我们躲在了云的下面，直到傍晚都避开了美军的空袭，真是十分幸运。虽然舰员门上下一致，但是我们极高的战斗欲望早就没有了，取而代之的是死守。

有一个例子是，在应对敌人的空袭的时候，一门高射炮不断对着敌人的飞机射击，射手的样子看起来很奇怪，其实在敌人的机枪扫射下，射手已经战死了。这也不管用，我们能做的只能把他的尸体抬下来，然后换一个人上去一直扣着扳机对着敌人射击。

袭击本船队的美军高速航母机动编队是哈尔西将军率领的美国海军第三舰队部分兵力，1 月 7 日到 8 日这支美军舰队通过巴士海峡进入了南中国海，12 月到达法属印度支那沿岸。本机动部队不仅对ヒ 86 船队进行了袭击，还对法属印度支那沿岸进行了空袭，接下来在 16 日对香港、21 日对高雄进

■ 美国海军埃塞克斯级航母"大黄蜂"号上的 SB2C 舰载轰炸机拍摄的攻击ヒ86船队的照片，图中起火的船只为"极运丸"。

行了空袭。期间日军共损失舰艇 11 艘，船舶 48 艘（221179 吨）。

美军高速航母机动编队进入南海，导致日军损失了大量的船舶。其进入南中国海本来的目的是，是了解到日本海军第 2 游击部队①在金兰湾停泊，企图前往此区域歼灭。但是美军来到金兰湾的时候，第 2 游击部队却早就离开了（变更了预定计划，当时在新加坡南方的林加泊地），所以美军只能对附近的船舶进行袭击。

美军航母部队能够深入南中国海，已经标志着日本的海上交通生命线南方资源运输线已经走到了末路，暗示了其被切断的结局。

ヒ 86 船队损失之后没过多久的 1945 年 1 月 21 日，日军大本营决定放弃过去的大规模商船队护航战术，转而进行小规模船队伺机突破美军封锁的运输作战，发布了进行燃料以及重要物资紧急运输作战的命令。当时的日本本土，以石油为主的各种重要物资已经极度匮乏，一直急切渴望南方占领区的物资，另外美军航母部队进入南中国海，美军潜艇也得到了前进基地，日本船舶损失不断增加，使得日军大本营为了打破这种危机局面，要求陆海军协同作战，排除万难，强行决定突破美军的封锁把南方占领区的资源运输到日本本土。本次作战名为"南号作战"。

"南号作战"在 3 月 16 日发布的《大海指第 511 号令》中被日军下令中止。"南号作战"期间，燃料以及重要物资的运输船队，共有 15 个，被护航船舶共 45 艘，护卫舰艇共 50 艘参加作战，另外本作战的中止是因为参加本作战的船舶损失十分巨大，为了不让日本以后出现重要物资无船可运的情况，减少船舶损失，于是日军只能在美军的步步紧逼下一步步后退，只留下日本本土到满洲与中国的海上交通线，这点是以海上护卫总司令部的意见为基础的。

■ 参与ヒ 87 船队护航任务的"龙凤"号航母。

战争中日本船员遇难人数

年度	遇难人数（人）
1941 年 12 月 7 日以前	1383
1941 年 12 月 8 日到 12 月 31 日	72
1942 年	2830
1943 年	7610
1944 年	25801
1945 年 1 月 1 日到 1945 年 8 月 15 日	21677
1945 年 8 月 16 日之后	1172
合计	60545

之后日军又发动了代号为"日号作战"的作战行动，意在日本海的海上交通以及日本本土日本海沿岸港口被封锁之前，从朝鲜、满洲方面运输重要战略物资。1945 年 6 月 29 日发布的《大海指第 524 号》向日本海军下达了执行此次作战的命令。

本作战是太平洋战争中日本海军的最后一场大规模的海上护卫作战，因为史料的遗失，其实施的详细部分已经无从查证。这个时候，日本本土到新加坡（昭南）的海上交通线已经被美军切断，日本本土太平洋沿岸各大港口均陷入瘫痪的状态，印度洋以及爪哇岛方面的海上交通也被切断，只剩下法属印度支那到马来半岛之间的沿岸航路依然可以维持。

1945 年 7 月，美军的水雷空投作战的主要目标逐渐向日本海各港口转移。范围包括伏木、七尾、敦贺、舞鹤、宫津、境、滨田等，接下来甚至连朝鲜的釜山、元山、兴南、清津、罗津这些港口也被波及到了。另外美军机动部队的攻击范围已经扩展到本州北部大半的区域，给日本船舶造成了极大的损失。与此相对，日军已经不能进行体系化的海上护卫作战了，其护卫兵力的主要作战方式也逐渐向扫雷作战过渡。紧接着，随着 1945 年 8 月日本海上交通陷入完全瘫痪的状态，海上护卫作战也就此终结。

① 第五舰队长官指挥，由南方残存的战列舰、重巡洋舰以下的舰艇编成的水上部队。

→ 最后一击！老式驱逐舰"神风"←
VS新锐美军潜艇"铁钳"

■ 下水瞬间的"铁钳"号潜艇。

1945 年 7 月 15 日，依然滞留在南方占领区的老式驱逐舰"神风"号，为了给一支小型输油船队提供护航，从新加坡出发伴随船队前往法属印度支那。除了"神风"之外，护卫队中还有 3 艘特设扫海艇（用 50 吨渔船改造）。而被护航船舶是 3 艘千吨级油轮。这支船队的航速是 6 节，沿着马来半岛北上。因为航行的地区水深很浅，所以完全不需要担心潜艇。

7 月 16 日正午的时候，这支船队接近了美军潜艇较为活跃的海域。随后船队指挥官向各船下达了严格警戒的指令，开始"之"字运动，尽量把船队引导到距离岸比较近的地方之后，而驱逐舰神风开始向海中进发，航速增加到 12 节，在船队右侧约 1000 米的位置进行警戒。这时候"神风"号上的人员开始增强水上搜索，探信仪与听音机也被打开以侦查周围海域的敌情。船队继续顺利前进，再次进入安全海面。于是神风再次返回原来的位置。

7 月 18 日下午 1 点左右，负责护卫这支船队的驱逐舰"神风"号右舷瞭望员突然报告"发现潜望镜，右 80 度 2000 米"。值班军官立刻命令转舵，

"第一战速（21 节）！"

就在这个时候，右舷瞭望员绝望地喊道：

"鱼雷！！鱼雷! 右舷发现雷迹！！！"

驱逐舰"神风"号的舰长春日均中佐马上跳起来大喊：

"全速规避！！"

还好这是 6 枚美军的电气鱼雷，航速较慢，"神风"以 30 节的航速成

功避开了这6枚鱼雷。

在两分钟前，由斯坎伦舰长指挥的美国海军潜艇"铁钳"号（USS Hawkbill SS–366）已经瞄准了"神风"号，并且向其发射了6枚水雷。本以为"神风"号必死无疑的斯坎伦却没有想到，这6枚鱼雷一枚都没有命中。

很快，"神风"号的航速减为14节，开始努力用探信仪以及听音机探测美军潜艇的位置。20分钟后，探信仪在"神风"号右舷约2500米捕捉到美军潜艇，马上向舰长春日均中佐报告了美军潜艇的方位。为了增加探信精度，春日均中佐下令把航速减为12节，这时候探测到敌人潜艇"神风"号的右舷30度到45度方向移动。探信仪在艏部方向精度不良，所以如果要使用探信仪的话就不能艏部对敌。之后"神风"号上的探信仪发现目标距离"神风"号的距离正在缩短。

1700米。

1500米。

这是十分危险的决定。12节的航速是不能规避美军任何一种鱼雷的，但是既然是舰长下的命令，周围的水兵们也不敢违抗，只好加强了对水面的观察。

1000米。现在立即提高航速还来得及。

800米。

这时候，瞭望员突然在右侧艏部发现青白色漩涡，那是美军潜艇发射的鱼雷。

"右舷发现雷迹！！"

这时候留给"铁钳"号的时间也不多了，斯坎伦舰长很清楚对面的"神风"

■ "神风"号驱逐舰，它是同级舰首舰。

号向要做什么，所以他在 800 米这样的近距离不惜暴露自己的位置来发射鱼雷，企图击沉"神风"号。

与此相对，春日均中佐一言不发，十分冷静地坐在舰桥里。无论瞭望员如何声嘶力竭地向他报告发现鱼雷的情况，他都好像没听到一样。

600 米。

春日均突然大喊到："投放深水炸弹，第一战速！！"

驱逐舰"神风"号的航速开始迅速增加，探信仪工作停止，舰底的送波器也被迅速撤回。同时有气泡向着"神风"号行进。

前后共有 3 枚鱼雷向"神风"号而来！！其中一枚鱼雷在"神风"号左舷 2 米的位置接近，然后在右舷 100 米的位置也见到一枚。朝着"神风"号左舷而来的鱼雷，差点命中"神风"，然后在水面下两米的位置远离"神风"号。

规避完这枚鱼雷之后，"神风"号开始准备投放深水炸弹，这时候"神风"号上的瞭望员在距离右舷艏部在很近的距离发现潜望镜，也就是一个墨绿色，还有白光反射的长杆。

在美军潜艇的鱼雷攻击之后，"神风"号立即开始用深水炸弹进行反击。"神风"号当时的航速为 21 节，开始投放深水炸弹。几秒过后，突然在"神风"号艉部 200 米处，美军潜艇的艏部从海面中飞出，在"神风"号舰桥附近 70 度的位置露出水面。

这时候已经严重受损的"铁钳"号企图上浮用甲板炮和"神风"号决一死战，可是春日均还没有下令，"神风"号的舰炮就对着这艘美军潜艇一齐射击，数枚炮弹命中这艘上浮的"铁钳"，这是"神风"号炮术长的独断。10 秒之后，已经伤痕累累的"铁钳"号因为进水过多再次沉入水下。

"神风"号开始转舵，对投放深水炸弹的效果进行观察。水面上很快出现了重油、木片等，顺着风飘在海面上。

之后"神风"号再次用探信仪与听音器开始对附近海域进行探测，只得到 5 秒的美军潜艇反射信号，然后反射信号就消失了。为了确认攻击效果，"神风"号又投放了 3 枚深水炸弹，探测信号没有变化。直到傍晚 7 点，探测信号还是没有任何变化，所以"神风"号确定击沉了一艘美军的潜艇。

被老式驱逐舰"神风"号攻击的潜艇是美国海军潜艇"铁钳"号，这艘潜艇在当时受到了很大的损伤，外壳破裂沉入海底，但是最后依然奇迹般返回基地。另外"铁钳"号潜艇的舰长斯坎伦在战后得知当年差点把自己的潜艇击沉的"神风"号舰长春日均在战争中幸存，于是数次写信给他。

"春日舰长是我见过的最优秀的日本驱逐舰舰长。"斯坎伦在给春日均的信中说。

与此相对，春日均回信说：

"现在想起来，当初你的潜艇还是沉没了比较好。这样我就更放心了。"

印度洋上的较量

印巴战争中的海军作战

作者：吴荣华

⊷ 引子：印巴分治 ⊷

■ 曾任印度副王的路易·蒙巴顿。

1947 年 6 月，英国驻印度总督蒙巴顿提出了按照"宗教特点"实行印巴分治的方案，即印度教徒的印度斯坦国家和伊斯兰教徒的巴基斯坦国家。同年 8 月 14 日巴基斯坦宣布独立（1972 年 1 月 10 日东巴独立成孟加拉人民共和国），次日印度也宣布独立。

由于印巴分治不可避免导致原先的皇家印度海军也要进行实力分割，分割时大体按照满足印度对海洋和沿海防御的要求以及满足巴基斯坦对河流要求。总体来说，分割

■ 印度国父甘地和巴基斯坦国父真纳在一起。

■ 二战中的印度海军士兵。

还算顺利，当然双方都不满意最终的分配结果。

当时，穆斯林主要在舰艇甲板工作，而军官阶层则以非穆斯林为主。这意味着新组建的巴基斯坦海军缺少军官，而印度海军则缺少训练有素且有特长的甲板人员。同样，由于主要训练设施在卡拉奇，这里有三个设施完备的学校——巴哈杜尔见习水兵训练学校、喜马拉雅枪炮学校、扎马克雷达学校，而主要维修与造船设施集中在印度，对于两个初创的海军来说都必须投入大量资金加以克服，不过很有趣的是这两个国家海军在不到 10 年内都解决了这一问题。

背景阅读：皇家印度海军

最初起源于 1612 年成立的东印度公司舰队，1686 年主要基地转移到孟买，1830 年改称印度海军。1857 年事变后，英国剥夺了东印度公司的统治权，而所属海军则在 1863 年被撤销，防务移交给了英国皇家海军。不过，为了完成非战斗任务，孟买分舰队和孟加拉分舰队相继于 1863 年和 1876 年恢复，之后在 1877 年被重新命名为"女王陛下的印度舰队"，设有东部和西部分舰队，基地分别在加尔各答和孟买。

1889 年，舰队装备 7 艘鱼雷艇，3 年后又增加了两艘炮艇。1892 年，她又改名为"皇家印度舰队"。

在一战以及战后的岁月中，舰队基本没有什么发展。1934 年 10 月 2 日，则是一个具有历史性的日子，皇家印度海军在孟买正式成立，此时海军共拥有 4 艘护卫艇、两艘巡逻艇、4 艘拖船、两艘调查船和 1 艘补给船。

随着二战的临近，海军得到了长足的发展。1939 年 9 月，海军拥有 1908 人，装备 5 艘护卫艇、1 艘调查船等；而到了 1945 年战争结束时，海军达到了 30478 人，拥有了 4 艘护卫舰、4 艘小型护卫舰、7 艘护卫艇、14 艘扫雷舰艇、150 艘登陆艇、16 艘拖船、辅助船只 32 艘、各类小艇与汽艇 245 艘。

■ 1934 年皇家印度海军访问澳大利亚，这是在"印度斯坦"号护航舰上的印度海军军官。

⇀ 初创成军 ↽

初建

先来说说分到大头的印度海军。独立之后的印度海军拥有 1.1 万人，主要舰艇有 1 艘巡洋舰[1]与 3 艘护卫舰，最初的海军司令也是英国海军少将约翰·霍尔（John Talbot Savignac Hall），1 年之后 1948 年 8 月 15 日被威廉·帕里海军中将（William Edward Parry，至 1951 年 10 月 13 日）取代。他与当时印度海军最大的军舰"德里"号巡洋舰很有渊源，1939 年就在河床战斗中指挥过该舰。他的到来对于印度海军有不小的作用，因为他不是孤身而来而是还带来了一批资深军官与技术人员。这些人大多数是退役军官，他们重新受雇于印度海军。之后这个职位先后由查尔斯·皮泽伊（Charles Thomas Mark Pizey）海军上将、斯蒂芬·卡利尔（Stephen Hope Carlill）海军中将接任。由于印度在 1950 年 1 月 26 日宣布成立共和国，因而海军最高司令的名称也

■ 皇家海军"阿喀琉斯"号巡洋舰，后来成为皇家印度海军"德里"号。

....

① 原英国皇家海军"阿喀琉斯"号，到印度后改名"德里"号。

120

■ 印海军首任司令约翰·霍尔。　　　■ 印海军首任印度人参谋长拉姆·卡塔里。

换成了海军参谋长。1958 年 4 月，拉姆·卡塔里（Ram Dass Katari）海军中将成为了第一位印度海军参谋长，结束了之前一直由英国人担任的历史。

关于海军的发展方向，几任海军最高领导人都有各自的规划。例如1948 年帕里中将提出了 10 年海军现代化计划，设想引入两艘航空母舰、3艘巡洋舰、8 艘驱逐舰和 4 艘潜艇以及必要的保障舰艇，之后在 1950 年航空母舰数量修改为 1 艘。从 20 世纪 50 年代中期，印度海军得到了许多英国海军的退役舰艇（比如 3 艘 R 级驱逐舰、1 艘坦克登陆舰等）。而在海军航空兵方面也组建了新的航空兵部队，拥有了 12 架飞机。这一时期，印度海军总体发展缓慢，且受到经费等方面的制约，在 1955 年之前，海军预算只占防务预算的 5.5% 以内，相当于国民生产总值的 0.09%。这个与此时的总理尼赫鲁（Jawaharlal Nehru）有关，他是一个典型的大陆政策领导人。当然，他希望印度可以扮演更大的角色，并设想印度海军能够作为一支独立的海上力量单独对抗附近的亚洲邻国。此时的印度与巴基斯坦关系还不算紧张，尼赫鲁本人在 1953 年还访问了巴基斯坦。

20 世纪 50 年代中期，印度海军制定了新的扩张计划，计划从英国购买12 艘护卫舰（两艘 21 型、4 艘 41 型与 6 艘 14 型）和 8 艘扫雷舰等。第一

■ 1962年的"维克兰特"号航母。

■ "维克兰特"号航母舰徽。

■ "维克兰特"号航母舰桥上的雷达设备。

■ 从后方观测"维克兰特"号航母舰桥。

批订购合同 1955 年签订，计划是 3 艘 41 型与 3 艘 14 型护卫舰，很快英国就转让了 6 艘扫雷舰。第二批合同计划交付两艘 21 型、1 艘 41 型与 3 艘 14 型护卫舰，然而由于财政困难以及印方对于巴方海军大型水面舰只的担忧，认为目前引进的英国护卫舰重点过分在反潜方面，最终只订购了两艘 21 型护卫舰。与此同时，1956 年 7 月 28 日当时的印度国防大臣卡特贾向下院宣布将采购一艘航母[1]。

---

[1] 原英国皇家海军 1945 年下水的尊严级"大力士"号，1961 年 3 月交付印度海军。

这一时期，印尼海军的迅速扩张引起了印方的高度重视。当时印尼总统苏加诺与苏联关系甚好且迎合对方南亚发展战略，在 1959—1964 年间，先后采购并转让得到了 1 艘"斯维尔德洛夫"级巡洋舰、18 艘驱逐舰与护卫舰、12 艘潜艇、12 艘导弹艇、67 艘鱼雷艇与炮艇、21 艘扫雷舰、17 艘登陆舰艇、8 艘辅助舰船。当然，最初两国关系还很正常，彼此海军司令都进行了互访还举行了海军联合演习。不过从 1963 年开始，随着印度尼西亚对尼克巴群岛等一些岛屿提出主权要求，两国关系开始恶化。同时，当时的印度尼西亚还与巴基斯坦和我国比较友好。对此，按照当时某些印度政客提法，"由于苏加诺、周恩来和布托的刚愎自用和诡计多端，三国达成了拉瓦尔品第（原巴基斯坦首都）—雅加达—北京轴线，对印度东翼产生严重威胁"。不过话虽如此，印度海军当时主要发展方向依然是阿拉伯海，特别是西巴基斯坦，而且巴方也与其一样，两国都把孟加拉湾放到了次要发展方向。

这样，印度海军实力急剧加强，到 1965 年战争前夕实力如下：

航空母舰 1 艘："维克兰特"号，舰载机为"海鹰"、"贸易风"和"云雀"III；

巡洋舰两艘："德里"号（原英国利安德级"阿喀琉斯"号），"迈索尔"号（原英国斐济级"尼日利亚"号）；

驱逐舰 3 艘：原二战 R 级，另有 3 艘在采购中；

护卫舰 13 艘：50 年代建造的有两艘 21 型（一流反潜舰艇）、3 艘 41 型（二流反潜舰艇）、3 艘 14 型（防空舰艇）；其他为原二战舰艇；

巡逻艇 13 艘；

■ 印尼海军"伊利安"号巡洋舰，原是苏联海军斯维尔德夫级"奥尔忠尼启则"号巡洋舰。

扫雷舰艇 6 艘：英国转让，4
艘"图恩"级、两艘"哈姆"级；

登陆舰艇两艘；

辅助舰船 3 艘。

当然印度海军唯一没有达成
心愿的就是拥有潜艇，尽管先后
与苏联、英国和美国交流，但相

■ 印度巡洋舰"迈索尔"号。

对爽快的苏联交付时间也在 1965 年战争之后。这个阶段，印度海军预算平
均达到防御预算的 10%，相当于国民生产总值的 0.18%。

果阿作战

这一时期，印度海军最大的作战行动就是在 1961 年的果阿解放作战中。
这次作战中，印度海军几乎悉数出动，参战舰艇分为"水面行动战斗群"（1
艘巡洋舰和 4 艘护卫舰）、"航母特遣部队"（1 艘航空母舰、1 艘巡洋舰
和 4 艘护卫舰）、"扫雷战斗群"（4 艘扫雷舰）和"保障战斗群"（后勤
舰艇）。海军受领的任务是：封锁莫尔穆冈和潘吉港口，压制海岸炮兵，
击沉或拖住部署在这些地区的葡萄牙海军部队。根据印方的资料，海军实
际参战有 3 个行动：夺取并攻占安扎迪普岛、击沉葡方炮舰"阿方索·德·阿
尔布克尔克"号（NRP Afonso de Albuquerque）以及在夺取第乌中的火力支援。
不过对手的实力实在可怜，守军一共只有 5000 人，海上力量只有 1 艘殖民
地炮舰与 3 艘巡逻艇。空军更是可怜，只有 1 架运输机，虽说印度曾经认
为对方有 1 个中队的 F-86 战斗机。

安扎迪普岛的作战基本类似演习，印方的登陆部队一开始遭到了对方
的抵抗，在护卫舰"特里苏尔"号（INS Trishul）114 毫米主炮开火后，葡
方就升起了白旗。但当印军登陆时立刻遭到对方的还击，阵亡 7 人受伤 19 人。
在附近的两艘军舰立刻重新开火进行火力支援，而葡守军坚持到第二天下
午弹尽粮绝才投降。

彼此之间唯一的交战就是双方水面舰只的交火。葡萄牙的这艘炮舰是

■ 果阿战役中被击沉的葡萄牙海军"阿方索·德·阿尔布克尔克"号炮舰。

一艘老舰，建造于 1934 年，不过火力还是比较强大，装备了 4 门 120 毫米主炮以及 2 门 76 毫米与 8 门 20 毫米火炮。葡舰的指挥官安东尼奥·达库尼亚·阿拉加德决定战斗到底，拒绝投降。双方在拥挤的港口展开了炮战，印军的"贝特瓦"号护卫舰（INS Betwa）114 毫米主炮首先开火，由于拥有先进的火控系统，葡萄牙军舰被直接命中。随后，印军的"比阿斯"号（INS Beas）和"卡韦利"号（INS Cauvery）也加入了战斗。最终葡萄牙这艘军舰搁浅在道拉·帕乌拉码头附近海域，而葡方也在几小时激战后升起白旗。整个海战，葡方阵亡 5 人、受伤 13 人，之后葡方的这艘军舰在 1965 年 6 月以 77.1 万卢比卖给了拆船厂。

而在夺取第乌的行动中，"德里"号巡洋舰起了一定的作用。当印度陆军遭到葡方要塞火炮打击前进受阻时，巡洋舰立刻用她的 152 毫米主炮压制了对方火力，发射了 66 发炮弹。此外，她还击沉了 1 艘对方的巡逻艇。

当然，印方投入如此之强的海军实力，有一个原因是错误的情报信息。当时印军得到的错误情报显示葡萄牙方面在果阿有 4 艘护卫舰，有强大的海岸炮兵与攻击飞机存在，据说可能还有 1 艘潜艇，同时通往港口的航线还布满了水雷。

此外，印军方面此时对于海军的地位并不看重。尽管果阿是被海包围的地区，但决策者属于绝对的大陆观。当陆海军的指挥官都在新德里国防部办公室外等待时，陆军指挥官早就准备好了他的详尽的作战计划，而海军指挥官却只是在行动的最后一分钟前得到了作战通知。

背景阅读：果阿之战

　　果阿邦位于印度南部西海岸，西濒阿拉伯海，与马哈拉施特拉邦（Maharashtra）及卡纳塔克邦（Karnataka）接壤，面积3702平方千米，人口约100多万。不但地理位置重要，而且环境优美，有"印度夏威夷"之称。在这个面积比上海还小的区域里，有着数不清的美丽海滩、欧式古堡，使得果阿成为印度最引人注目的旅游胜地。

　　为了收复果阿地区，印度政府在1955年8月15日（印度"独立日"）派遣了5000

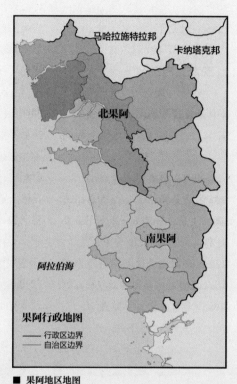

■ 果阿地区地图

名没有携带武器的志愿人员进入了果阿、达曼和第乌岛，支持和配合当地人民的解放斗争，但遭到葡方的镇压。

　　1961年1月以后，印度政府加紧运用政治、军事、外交等多种斗争形式，以期尽快收复果阿。一方面，印度组织果阿人民进行游击战争，袭扰、打击殖民统治者。4月25日，游击队袭击了贝提姆军事据点，俘获了该据点的全部葡军，并击毙了进行抵抗的据点指挥官。紧接着，

■ 驻守在果阿的葡萄牙军队，可以看出几乎全是来自葡属非洲的士兵。

游击队又拔掉了葡军的格里姆军事据点。这一系列的军事行动，给葡萄牙殖民统治者以很大的心理震撼。另一方面，印度政府又以各种非武力形式配合。1961年5月，印度总理尼赫鲁在国大党全国委员会会议上强调，要收复果阿，但要"避免以纯军事的办法解决问题"，他"期待不久以后果阿将成为印度的一部分"。但尼赫鲁的和平愿望并没有实现。

1961年12月18日夜，印度政府出动3万余人（直接参战的部队1万余人），在海空军（舰艇20余艘和飞机42架）的支援下，印度陆军发起了全面进攻。但与其说是一场战争，倒不如说更像一场组织指挥不得力的乱糟糟的演习。印军指挥官指挥失当，部队乱得像一群无头苍蝇，通信联络也常常莫名其妙地中断。印军美制M-26"潘兴式"坦克刚开过边境不久，葡萄牙人就立即放下武器停止了抵抗，双方死伤人数甚至还不如一次规模大一些的实弹演习。至12月19日印度全部收复了果阿、达曼和第乌，俘获葡军3000余人，结束了葡萄牙对果阿400多年的殖民统治。

对印度军队在果阿取得的轻而易举的胜利，新德里的报纸齐声欢呼，称之为"我们最得意的时刻"，大力赞扬印度军队在收复果阿时所表现出来的"旺盛的战斗精神"。印度总理尼赫鲁也为印度军队在果阿的"赫赫武功"而陶醉，他吹嘘说："我国武装部队第一次成为一支非常强大和非常有效的战斗力量，我是深知内情才说这番话的……"他还认为，印度陆军和其它军种比独立以来的任何时候都更强大，即使"应付巴基斯坦和中国的联合进攻也绰绰有余"。

1962年3月14日，印度人民院通过第十二次宪法修正案，规定果阿、达曼和第乌为联邦直辖领土。1974年，葡萄牙承认果阿为印度领土。

巴方海军成军

反观巴基斯坦海军，根据其官方历史，1947年7月12日海军宣布成立，仅有92名军官，需要增加到200名军官和3000名士兵，海军实力只有两艘护卫舰、两艘护卫艇、6艘扫雷舰、4艘快艇和两艘拖船等。与印度海军相比，巴基斯坦得到了完整的岸上设施，即在卡拉奇附近的巴哈杜尔见习水兵训练学校、喜马拉雅枪炮学校和扎马克雷达学校。同样，最初的巴基斯坦海军也留有深深地英国海军烙印，27名英国军官留在了皇家巴基斯坦海军。此外，英国海军在斯里兰卡亭可马里的海军基地还为其舰艇进行改装。这种依靠不仅仅是资深军官和维护设施，包括在舰艇方面。

最初，海军参谋长是詹姆斯·杰福德少将（James Wilfred Jefford）。他是原先的英国时代皇家印度海军司令，他在这个职务担任了5年半时间。

■ 总统阿尤布·汗期间，巴基斯坦海军的发展较为缓慢。

根据1949年2月1日的海军五年计划，巴基斯坦海军应拥有驱逐舰7艘、护卫舰4艘、扫雷舰艇10艘、潜艇1艘、快艇6艘、拖船1艘等。不过这个计划在花了将近两年才得到批准，而此时首任海军参谋长即将任期期满并离开巴基斯坦。所以巴基斯坦海军只采购了两艘老式驱逐舰，均为1948年采购的英国O级原"昂斯洛"号（HMS Onslow）与"奥法"号（HMS Offa），

■ 1951年巴基斯坦海军"沙姆谢尔"号护卫舰（PNS Shamsher）访问澳大利亚。

之后重新命名为"提普·苏尔坦"号（PNS Tippu Sultan）和"塔里克"号（Tarik）。

　　冷战的爆发使得巴基斯坦与美国的关系日益密切。1953年，美国国务卿杜勒斯访问了巴基斯坦，此后，巴方成为了美国的战略伙伴。1954年5月19日，双方签署了双边防务协议，之后同年9月8日巴方加入了东南亚协商组织，并于1955年10月成为巴格达条约组织的成员。

　　在20世纪50年代和60年代初期巴基斯坦先后从英美等国获得巡洋舰1艘（即"巴伯尔"号，原英国狄多级"王冠"号）、驱逐舰8艘[①]、潜艇1艘（美国"淡水鲤"级"卡齐"号，租借）、扫雷舰艇8艘（美国转让）、辅助舰船4艘等（美国与意大利转让）。可以看出，此时巴基斯坦海军的舰艇相当一部分来源于英国，而昔日的"主子"对于向印巴双方军舰的转让协调的非常巧妙，巴方采购的巡洋舰"巴伯尔"号直到印方采购的巡洋舰"迈索尔"号一个月前才服役，而巴方的驱逐舰正好在印方第一艘新护卫舰到来后才正式交付。

　　但总体而言，从50年代末期开始，巴基斯坦海军建设受到了当时总统阿尤布·汗（Muhammad Ayub Khan）的阻碍。时任海军司令的乔杜里得知总统决定将现役的"巴伯尔"号巡洋舰退役的决定后愤然提出辞职。

---

①3艘英国二战O级，2艘英国"战斗"级——"海巴尔"号与"圆月"号，2艘英国Cr级——"征服者"号与"胜利者"号，1艘英国Ch级——"世界之王"号。

→ 首度交锋 ←

战前实力比较

1965 年 9 月的战争实际上是双方的第二次交锋（第一次是彼此独立不久的 1947 年 10 月爆发的克什米尔冲突），也是两个地区力量之间的第一次重大军事对抗。冲突最初发生在三四月间的卡奇边界对抗，尽管海军尚未参战，然而印度海军的"维克兰特"号航母已开始进行了部署，以便将人员和物资运送到新建成的坎德拉港口；当时，由于没有有效的陆地铁路与公路交通穿过古吉拉特—卡提阿瓦地区，所以坎德拉反而成为了印度在该地区作战的主要保障基地。因此，在战争时期，卡提阿瓦半岛成为巴基斯坦海空军行动的共同目标也就不足为奇。

此时巴方海军领导人是拉曼·汗（Afzal Rahman Khan），巴方公开资料对 1965 年战争中己方海军准备工作大加赞赏，认为预先提前近 1 个月已开始作战准备，"……8 月，舰队中的所有休假都停止，并准备可能的对抗。不久，所有可用船只都已经准备就绪，且在几天内向海上进发，以参加卡奇沼泽地作战，该作战是 9 月战争的序幕……"

战争中，巴基斯坦海军任务如下：卡拉奇港口的海上防御；保持海上交通线畅通；为商船护航；保护海岸，对抗两栖作战；封锁海运；在东巴基斯坦的江河作战中支援陆军。而印度海军相比显得估计不足，并未预料到巴方海军早有准备。

开战时，双方海军主要舰艇实力对比为：

舰艇类别	印度	巴基斯坦
潜艇	0	1
航空母舰	1	0
巡洋舰	2	1
驱逐舰	3	5
护卫舰	13（训练用 1 艘）	2
扫雷舰艇	6	7
坦克登陆舰	1	0
大型巡逻艇	13	2
海军航空兵	舰载攻击机和反潜机各一个中队	没有专门的该兵种

尽管印度海军从理论上具有绝对优势，然而实际情况是，印度海军舰艇由于服役时间较长，许多正在维修或者改装。开战时，航母"维克兰特"号与巡洋舰"德里"号在干船坞改装，预计11月份完工。唯一可参战的重要舰艇巡洋舰"迈索尔"号在孟加拉湾（因为8月与英国潜艇"机敏"号进行演习），与其在一起的还有1艘原英国R级驱逐舰"兰吉特"号和3艘小型反潜护卫舰"库克里"号、"吉尔班"号与"库塔尔"号；两艘防空护卫舰"比阿斯"号与"布拉马普特拉河"号在加尔各答；在孟买有1艘原R级驱逐舰"拉吉普特"号，在船厂改装有1艘老驱逐舰"拉纳"号与两艘新护卫舰"贝特瓦"号与"特里苏尔"号；两艘老式护卫舰"戈达瓦里"号与"戈马蒂"号在柯钦；在果阿只有两艘扫雷舰"坎纳诺尔"号与"卡基纳达"号；最不幸的是护卫舰"塔尔瓦尔"号在8月份完成了例行维护，迅速开往海上边界科里港湾进行巡逻，然而发动机出了故障，不得不到奥哈紧急修理。

鉴于形势严峻，许多舰艇匆忙结束改装，加入战争，同时一部分舰艇刚刚在孟加拉湾进行了2个多月的演习，造成问题不断：巡洋舰"迈索尔"号只有一半锅炉可以工作，最大航速从31节降到18节；护卫舰"比阿斯"号、"布拉马普特拉河"号与"贝特瓦"号只能以15节航行，而不是额定的25节；已在改装的驱逐舰"拉吉普特"号和"拉纳"号只能取消原计划，仓卒出海，只有1个锅炉可用；护卫舰"贝特瓦"号在进行长时间全面改装后，未经试验匆忙出海，而护卫舰"库克里"号与"库塔尔"号不能出动。

客观评价双方海军实力，印方在防空与反舰火力上有优势，一部分舰艇有较新反潜武器系统；巴方舰艇鱼雷火力较强且保养较好。

炮轰杜瓦尔卡

杜瓦尔卡位于印度卡奇湾，离开巴方海军主要基地约有160海里。根据巴方判断，港口内有早期空中预警雷达与雷达制导灯塔用于引导去卡拉奇的飞机，还有高频引导探测器站用来引导印度的"堪培拉"轰炸机攻击卡拉奇，另外鉴于该地离开孟买甚远，足以引诱印度海军进入公海，为己方"卡齐"号潜艇提供目标（当时，该潜艇已在孟买附近海域就位）。

9月7日下午，巴方海军总部向7艘舰艇发出命令，在距离杜瓦尔卡约100海里海域集结，夜间执行炮轰任务，目标是城市设施与显眼烟囱等目标。7艘舰艇依次是巡洋舰"巴伯尔"号（8门133毫米主炮）与驱逐舰"哈巴尔号"号、"巴德尔号"号、"胜利者"号、"阿拉吉尔"号、"世界之王"号、"提普·苏尔坦"号（每艘驱逐舰4门114毫米主炮）。当晚，各舰艇都到达目的地，并在离开海岸4.7~5.2海里处通过炮瞄雷达制导在4分钟内发射了50发炮弹。岸防炮兵的反击被迅速压制。完成任务的舰艇随即向卡拉奇撤离，返航途中据称击落了几架尾追的印军飞机。根据巴军说法，攻击后，城内的军事设施与铁路建筑都遭受严重破坏，同时击中了弹药库，引起了沿古吉拉特海湾的恐慌，导致大批难民逃离这座沿海城市。

当然印方的说法与似乎言过其实的巴方说法截然相反。"9月17日17时30分一些巴方舰艇化装成商船在杜瓦尔卡灯塔以南抛锚，离海岸线很近，当时在此地没有海军基地或海军舰艇。大约在23时35分，这些舰艇突然向杜瓦尔卡主要教堂开火，炮轰持续20多分钟，发射了大约50发炮弹，但大多数炮弹落在了教堂和火车站之间，所有建筑物都未受到破坏除了在火车站附近的候车室"。

需要指出的是，印度海军此时有1艘护卫舰"塔尔瓦尔"号[①]在卡提阿

■ 今日的杜瓦尔卡。

----

① 反潜护卫舰，装备2门114毫米主炮，航速30节，属于印军当时较新型的舰艇。

瓦海岸附近巡逻，由于发动机故障，不得不紧急修理。待修理后重新巡逻的时候，巴方舰艇早已过去并且已经开始炮轰杜瓦尔卡。当然事后印度某些海军战略家认为如果该舰不出故障，可以单独消灭巴方杜瓦尔卡的舰队，但这明显低估了巴方实力。

潜艇"卡齐"号

作为双方唯一的一艘潜艇，它的行动始终惹人关注与争议。这艘潜艇原为美国淡水鲤级"蝙蝠鱼"号，1963 年美国政府批准租借给巴基斯坦 4 年。潜艇装有 8 具 533 毫米鱼雷发射管，续航力达到 11000 海里。1964 年 9 月该艇抵达卡拉奇。

巴方资料显示该艇在 9 月 5 日前已经停泊在孟买附近，以拦截"迈索尔"号巡洋舰及其护航舰艇。这些舰艇从孟加拉湾出发，到达柯钦，预期将要到达孟买，以加强印方海军实力，因为航母与另一艘巡洋舰"德里"号都在孟买进行改装。不过，同一资料提到，攻击杜瓦尔卡结束不久，该艇已经在卡奇海岸附近海域巡逻，跟踪了 4~5 艘护航舰艇，这些舰艇从孟买向卡奇海岸前进，但没有攻击它们，因为得到的指令是攻击大型舰只。令人奇怪的是，1 艘在孟买南部停泊的潜艇，任务是拦截从柯钦向北运动的"迈索尔"号巡洋舰和其他护航舰艇，并没有发起对敌方舰艇的攻击，可能情况是该艇在该地区巡逻但由于对方反潜措施而不能采取更多行动。

9 月 22 日，巴方声称其发射了 1 条鱼雷命中印军护卫舰"布拉马普特拉河"（INS Brahmaputra）号（潜艇的服役记录显示对这艘印度护卫舰发射了 4 枚鱼雷并监听到 3 次撞击声），然而印度海军少将萨蒂因德拉·辛格提及：当时印方早就有情报指出巴方的这艘潜艇在海上，并有可能部署

■ 巴基斯坦海军"卡齐"号（PNS Ghazi）潜艇。

在孟买海域附近准备进行作战，9月9日，正从加尔各答向孟买行使的护卫舰"比阿斯"号在12时30分于孟买以南约40海里处捕捉到潜艇信号，在30分钟内进行了2次攻击，但目标丢失。13日，反潜护卫舰"库塔尔"号（INS Kuthar）与其姊妹舰"库克里"号（INS Khukri）也捕捉到声纳信号并用深水炸弹进行攻击，同样未获成功。17日，3艘反潜护卫舰在两艘驱逐舰支援下，对孟买附近4000多平方海里海域进行了搜索且在21与22日都搜索到信号，不过攻击再次未有效果，印方认为可能有一些深弹炸坏了潜艇的发动机。随后这些舰艇一直守在战位上，直到24日战争结束。为了驳斥巴方的说法，战后印度海军专门邀请在新德里的外国海军武官参观了停泊在孟买的"布拉马普特拉河"号。

事实表明，巴方潜艇在该地区的活动，不但已经成功约束了对方驱逐舰与护卫舰的大多数反潜活动，而且还设法躲避了猎杀，安全到达卡拉奇，这足以证明水下武器的战略与战术优势，所以巴方更愿意投入有限资金来加强这类武器也就不足为奇了。果然1965年战争后，巴基斯坦海军采购了3艘法国的"桂树神"级潜艇。

由于多种原因，双方海军基本未有遭遇，除了前文提及的潜艇，彼此战果最大都于扣留敌对方船只与货物。根据统计，印方扣留了3艘巴方船只（载重吨位13980吨）以及在西孟加拉和卡恰尔的内地水道艇艇与艇员，合计控制了30058吨载重吨位巴方船只与4238吨巴方向其他国家出口货物，另从23艘中立船只上卸下了9789吨巴方货物；巴方则扣留了3艘印方船只（载重吨位2400吨）以及在江河水道的船只3艘、汽船41艘与平底船126艘，合计控制了载重吨位13980吨及印方2407吨出口货物，另在19艘中立船只上卸下24187吨印方货物。

当然，印度海军也并非无所事事。9月7日，"迈索尔"号巡洋舰与其他4艘护航舰艇在夜幕降临前驶出孟买，进行防御型巡逻，因为当时情报指出当夜孟买可能会遭到攻击，但什么也没有发生。10日之后，西部舰队实力得到了加强，拥有了1艘巡洋舰、两艘驱逐舰、7艘护卫舰以及1艘油船。11日夜间，舰队起航进行巡逻，但"拉吉普特"号驱逐舰出现故障，不得不返回；12日，护卫舰"塔尔瓦尔"号又一次发生发动机故障，不得不勉强回到孟买。实力下降的舰队于9月18日—23日在阿拉伯海进行了一次巡逻，意图拦截可能会在卡提阿瓦海岸登陆的巴基斯坦部队，当然没有任何事情的发生。

9月23日，双方停火，相比海上的波澜不惊，双方在陆上和空中还是进行了激烈的交锋，印方宣布巴方损失5259人，损失坦克471辆、飞机73架，自身损失飞机59架，失去了322平方千米的土地，此外获得了1920平方千米土地；巴方宣布印方损失8200人，损失坦克500辆、飞机113架，自身损失飞机19架，获得了2602平方千米的土地。

双方海军的首轮较量就这样平平淡淡的过去了。由于双方的最高决策者都缺乏对于海军的重视，所以赋予海军的任务都很少，自然海军行动本身对于战争影响完全可以忽略。双方海军基本都是无所事事。

印度方面，尽管航母和1艘巡洋舰停在干船坞处于维修状态，但面对巴方基本没有海上力量存在的孟加拉湾，印度海军似乎也不知行动的目标与方向。同样巴基斯坦海军也是如此，除了炮击杜瓦尔卡这一行动之外，从未有采取行动去破坏或者干扰印方的海上交通线。双方的海军都停留在其自己受保护的水域，不主动向另一方挑战。只有巴方的潜艇使得印度海军坐立不安，投入大量兵力用于反潜作战中。

→| 短暂和平 |←

1965年的战争给交战双方海军带来了不同影响，印方认为战争中暴露了己方缺乏足够海上侦察与反潜设备，舰队补给设施不够，通信保障与空军支援也不同程度存在问题。印度海军从这次战争中"受益匪浅"，在数量与质量上都有了提高，6年后的战争展示了其发展成果。

当然，印度政坛也发生了变化。首任总理尼赫鲁的独生女儿英迪拉·甘地（Indira Gandhi）出任印度历史上第五位总理。她在位期间，印度国力得到了很大发展。

战争结束后,由于英国1968年宣布将在1971年从苏伊士以东撤离以及美国"企业"号航母战斗群的出现,印方自身陷入了一场争论,是需要一支沿岸海军还是一支篮水海军,海军重点是基于潜艇、护航舰艇、导弹艇及岸基侦察与攻击能力的海上抑制能力,还是集中在航母和大型水面舰艇及保障舰艇上。不过争论在很大程度上属于学术意义,因为当时印方已经拥有或即将拥有4艘潜艇、1艘护航航母、2艘巡洋舰、数艘护航舰艇与辅助船只,这些组合形成了蓝水海军的基础。

1968年对于印度海军来说意义重大。3月1日,海军参谋长查特吉(Adhar Kumar Chatterji)被提拔为四星上将,使其和陆军、空军参谋长地位相同,这不但是对海军的一个巨大精神鼓励,也象征着海军得到认可,成为了印度国防部队中平等一员。7月8日,购自苏联的第一艘潜艇"卡尔瓦里"号(INS Kalvari)驶入维萨卡帕特南海军基地。10月23日,第一艘本土建造的"利安德"级护卫舰"尼尔吉里"号(INS Nilgiri)由英迪拉·甘地主持下下水。此外,印度海军成立了东西两支舰队,结束了过去一支舰队负责东、西两面海岸防御任务的被动局面。

反观巴方海军,由于"海军的成绩远远高于任务要求的,并超出了大多数乐观主义者的预料",自己产生了一种莫名的胜利感,以致在随后几年间仅仅采购了三艘潜艇,水面舰队发展几乎停滞不前,而海军航空兵缺少反潜飞机与海上侦察机,所有这些都对巴海军在1971年的战争产生了极其不利的影响。

同时,20世纪60年代中期以后,印度洋西部力量海军战略开始发生重大变化,英联邦的生命概念和美国北方阵线概念都做出了让步。如前所述,英国逐渐撤出了其在该地区的政治军事上承担的义务;美国试图通过定期从太平洋舰队派出特遣部队,并创造条件部署装备有"北极星"导弹的核潜艇填补这个空隙。在变化的战略下,土耳其保持与北约的关系,伊朗也在增强自身实力,充当海湾的本地保护人;而巴基斯坦却丧失了其较早的北方阵线战略的前线国家地位。潜艇"卡齐"号和4架反潜飞机成为1965

年战略背景下美国向巴方转让的最后重要武器装备。英美战略变化迫使巴方寻求新的伙伴，她开始与西方阵营中的法国、瑞典和日本接触，又与东方阵营中的苏联与中国接触，同时加强了与伊斯兰世界伙伴的接触，特别是印度尼西亚、伊朗、土耳其、利比亚和阿拉伯半岛的国家。

巴方在战争结束后，由于美国拒绝保证当年的经济援助后开始转向苏联以求得到援助。战争结束后两个月，即 11 月，巴方的外交部长访问了莫斯科，提出了一份需求清单。这个清单中包括 6 艘潜艇、8 艘导弹艇、12 艘鱼雷艇和远程海上侦察飞机，之后又修改为 4 艘 F 级潜艇配 96 条鱼雷、8 艘"蚊子"级导弹艇与 48 枚反舰导弹、8 艘鱼雷艇配 96 枚鱼雷以及 4 架海上侦察飞机。巴方甚至对"肯达"级导弹巡洋舰也充满兴趣，竟然希望得到 5 艘这级军舰外加配备的 120 枚反舰导弹、1000 枚舰空导弹和 640 枚反潜导弹！当然，这只是一个梦想。1966 年 6 月，巴基斯坦的一个军事代表团来到苏联并会见到了"红色马汉"戈尔什科夫，经过会谈，苏方表示愿意转让轻型舰艇但不能移交大型水面舰只与海上侦察飞机。两年后，1968 年 6 月—7 月，巴方在叶海亚 - 汗将军带队下访问了苏联，获准可以得到 6 艘导弹艇，并将在 1969 年—1970 年交付；同一时期，两艘苏联军舰访问了卡拉齐。之后的 1969 年 3 月，苏联太平洋舰队司令斯米尔诺夫海军上将访问了巴基斯坦，双方提议销售的武器还包括重炮、坦克与飞机，这引起了印度方面的严重不安。然而仅仅三个月后，由于苏联对于印巴双方的厚此薄彼，1969 年 6 月后彼此关系急剧冷却，所有的一切也就无从谈起了。

在 20 世纪 60 年代上半期，巴基斯坦对于海军还是缺少重视，海军预算基本只占到了防务预算的 5.5~7%，只有在 1965 年年度占到了 15%。

当 1968 年成为印度的海军年时，巴基斯坦时任总统阿尤

■ 巴基斯坦空军的 F-86 "佩刀" 式战斗机。

布·汗出于大陆军的思想以及自身陆军的出生，并未真正意识到海军的作用。同时，由于 1965 年战争未能获得克什米尔，以及学生反对选举限制而引起的骚乱加剧了国内的政治动荡，也使他焦头烂额。

事实上自从巴基斯坦独立后，巴方一些资深海军将领已经意识到一个物理上分裂的巴基斯坦在地缘政治学上的无奈，其两翼被约 3000 海里敌对海域分离，但是两翼海军和海上需求从未被决策者完全意识到。尽管早在 1953 年，已经在吉大港建设海军基地，但因为资金短缺，项目久拖不能完工；巴海军的大型舰只与潜艇因为没有合适基地，从而不能永久性驻扎在东巴，当然在孟加拉湾作战也就无从谈起。

1965 年战争后，为了加强在东巴海军力量，巴方采购了 4 艘 100 吨的巡逻艇，并通过努力，将江河炮艇总数增加到 24 艘，但这些小艇在战争只能沦为印度空军与海军航空兵的靶子；何况在东巴的巴方空军只有 1 个半中队的老式 F-86"佩刀"战斗机，海军不能得到任何有意义的空中保护。何况战争伊始，巴方就丧失了在东巴的制空权。作为巴方海军主要力量的水面舰艇，由于多为二战时期服役，性能明显退化；尽管期间有识之士提出进行现代化改进与替换，可惜又被以缺乏资金的理由而否决[①]。

→❁ 再度交手 ❁←

1971 年 3 月 25 日，巴基斯坦中央政府对主张孟加拉独立的达卡以及东巴基斯坦省其他地区采取"探照灯"军事行动，引发内战。之后，主张分离的东巴基斯坦军人与平民组成民族解放军（Mukti Bahani）并于 4 月 17 日在印度加尔各答组成了孟加拉临时政府。印度对民族解放军在经济、军事和外交方面给与了支持。为了准备不久到来的战争，1971 年 8 月 19 日印度与苏联签订了带有军事同盟性质的《和平友好合作条约》。1971 年 11 月 22 日，借口难民问题，印度军队公然入侵东巴基斯坦。12 月 3 日，战争正式爆发。

---

① 巴方早在 1970 年就准备采购 3 艘英国的 21 型护卫舰，这一计划直到 20 多年后的 1993 年才得以实现，一共采购了 6 艘。

当战争又一次爆发时，双方海军实力比较如下：

舰艇类别	印度	巴基斯坦
潜艇	4	4
小型潜艇	1	10（在采购中）
航母	1	0
巡洋舰	2	1
驱逐舰	3	5
护卫舰	19，另1艘采购中	1，另1艘采购中
导弹艇	8	0
火炮攻击快艇	18	6
扫雷舰艇	8，另两艘采购中	8
登陆舰艇	5	0

战前，印度海军吸取了上次战争准备不足的教训，积极迎战，海上战略分为两部分，唯一的航母与其护航舰艇及两栖战斗群大部分，集中在孟加拉湾作战，其作战结果是整体战略目标的核心，起决定性作用，主要目标就是直接帮助陆空作战并迅速达成结果；而大部分反潜舰艇与水面舰队在阿拉伯海使用，以压制"桂树神"级潜艇和水面舰艇，并对卡拉奇和整个马卡兰海岸施加压力；此外，还建立了一支南方小舰队，拥有两艘护卫舰与1艘潜艇补给舰，用于要点巡逻并拦截巴方商船。

而巴基斯坦海军在战前基本就是没有准备。由于在东巴没有真正意义上的海军基地，原先驻在当地的驱逐舰刚刚结束在卡拉奇的维护准备驶往目的地，通行

■ 东巴基斯坦民族解放军战士。

的还有两艘扫雷舰，不过这一旅途已经不可能实现了，因为敌对行动已经出现，甚至于在她们离开卡拉奇基地前，当然她们不可能去冒这个险。

巴方的海军主要实力只有 1 艘巡洋舰、5 艘驱逐舰和 1 艘护卫舰，赋予海军的任务是：包括卡拉奇、吉大港和恰尔纳的海上防御；有限的保护从波斯湾到西巴基斯坦的海上交通。

此时巴基斯坦总统为叶海亚·汗（Agha Muhammad Yahya Khan），这场战争在某种程度上成为了一个男人与一个女人之间的战争。而此时巴方海军领导人则为哈桑（Muzaffar Hassan），他的对手则是印方的南达海军上将（Sardarilal Mathradas Nanda）。

东巴序战

战争爆发时，印军向孟加拉湾派出了一支特遣舰队，包括 1 艘航母、4 艘驱逐舰与护卫舰、1 艘潜艇；两栖作战则使用了 3 艘登陆舰艇、3 艘巡逻艇与 1 艘邮轮。对面的巴方东巴海军实力相差悬殊，代表只有 4 艘巡逻艇，而唯一可能对印军造成损失的就是上次战争的英雄潜艇"卡齐"号，不过这一次，英雄被人暗算了。当时，巴基斯坦海军对其寄予厚望，希望能够击伤甚至击沉印度的"维克兰特"号航空母舰。

根据双方公布材料，大致轮廓逐步浮出水面：11 月 14 日，潜艇离开卡拉奇港口，准备前往吉大港，在那里，它将补充燃料和食物，准备对付在东巴基斯坦沿海附近海域作战的印度舰队，同时还会执行攻势布雷任务。对此，印方事先已经有所准备。因为当月月初，潜艇发往吉大港的一份电报被截获，电报内容是需要某个等级的润滑油，而这种润滑油只有潜艇和扫雷舰使用。由于巴方的扫雷舰和"桂树神"级潜艇没有这么大的航程，所以印度海军清楚地知道了"卡齐"号在孟加拉湾的存在。

为此，印度海军精心制定了一个欺骗计划，使用护卫舰"拉吉普特"号将该艇引诱到维萨卡帕特南，这样航母"维克兰特"号便可机动到安达曼和尼科巴群岛安全地域，不过风险是如果护卫舰不能及时到达指定地点，那么潜艇将很顺利在维萨卡帕特南完成布雷（当时在该港没有扫雷舰，也没有水面舰艇），同时马得加斯到加尔各答的海上航线也将对其开放。当然，也有人指出，维萨卡帕特以南的港口无法停泊航空母舰，她只能在马德拉斯和安达曼群岛附近海域的深水港停泊。

当时，潜艇上携有法国水雷，水雷有特殊机械定时装置，以对付反水雷措施，它们有舰艇计数机械，可以预先设定。这样，只有在舰艇通过几次后才能激活，这个次数根据已经输入的数据确定。假如舰艇计数机械设定为3，水雷就将在舰艇通过它3次后激活并将在计数到第4艘舰艇时爆炸，巴方可能没想到的是印方也有此装备，并对此研究颇深。潜艇"卡齐"号在12月3日开始布雷，水雷以线性布设，间隔150米，深度30米，这后来被印方的水下电视摄影所证实。在其布雷时，它已被护卫舰"拉吉普特"号盯梢和干扰。潜艇随即向深水水域机动寻求安全，不过此时水雷的舰艇计数器由于护卫舰的通行和深水炸弹爆炸被激活。当潜艇第二次出击准备布设更多水雷而接近港口时，该艇较早布设的1枚水雷爆炸，使得正在急速下潜的潜艇失去平衡。印方的护卫舰随即投下了几枚深水炸弹，炸弹在潜艇周围爆炸造成潜艇内部失火。火势蔓延到艇艏存放鱼雷和水雷的位置，引发大爆炸只是艇艏开裂，潜艇随即沉没在维萨卡帕特南。3天后，印军的潜艇救生艇"尼斯塔尔"号从港口的柴尔巴胡潜艇基地（该基地1971年5月19日开始使用，耗资10亿卢比）出发，在其水下电视和潜水员帮助下，展开行动，对躺在大约45米深的海底的残骸进行检查。根据潜水员的报告，潜艇艇壳明显向外裂开，很明显是内部爆炸引起，这也符合之前潜艇沉没的原因分析。

12月9日，印度海军总部发表新闻，宣布在3日击沉潜艇"卡齐"号。正如人们所料，该艇的沉没已经引起了复杂的反应，印方当然非常高兴，无疑，这个精心策划和大胆实施的行动获得了成功。1996年1月31日，印度东部舰队潜水员在33米水中进行3天搜索后发现了"卡齐"号的位置，未爆炸的水雷还在潜艇里。

心腹大患消除后，印军的过时且几乎报废的航母"维克兰特"号[①]和其舰载的亚音速的战斗轰炸机"海鹰"及反潜飞机"贸易风"大显神威。当然，

---

① 当时，其4个锅炉有1个出现故障，最大航速减少到14~16节；此时印度海军内部称该舰为海军的"白象"，即累赘物。

此时印度空军也掌握了该地区的制空权，否则如此慢速的航母和护航舰艇无疑会成为对方很好的靶子。4日，印军飞机开始攻击科克斯—巴扎尔的机场的港口设施，同时在下午对吉大港的港口和机场也进行了空袭，使其受到很大破坏；在对外锚地空袭中，炸沉、炸伤巡逻艇各一艘。随后两天，舰载机将其注意力瞄上了吉大港、库尔纳、曼格拉港及在普舒尔河上的舰艇，结果使得希腊1艘商船"特里克·查利"号也被炸沉。12月8日—9日，舰载机对巴里萨尔、巴拉克根杰和博杜阿卡利地区的兵力集结处也进行了攻击。巴方对此束手无策，那些老式高炮只能起到摆设作用。在充分展示了自己的实力之后，这艘航母于12月14日撤离到帕拉迪普进行燃料补充。

期间，印军还在科克斯—巴扎尔地区实施了一次营级规模登陆战，出动了两艘坦克登陆艇和1个廓尔喀人营。由于事先巴方岸防力量遭到沉重打击，因而很难评价它的影响。

在该海域，印军与东巴的支持者击沉、破坏和缴获巴方巡逻艇15艘、炮艇7艘、近海货船11艘、驳船11艘、油轮两艘以及19艘江河艇，俘虏了125名海军军官和2000名水兵；巴方只有1艘巡逻艇"沙杰沙希"号在海军上尉西坎达尔·哈亚特指挥下，设法逃到了马来西亚，并在那里回到了巴基斯坦。巴方唯一的战果是布设的水雷（按照印度说法，水雷来自中国）炸沉1艘印度汽船"维什瓦·库苏姆"号，该船正在运输巴方战俘和家人。当然，战后苏联应孟加拉国政府之邀，出动了4艘扫雷舰与3艘印度扫雷舰一起在吉大港进行了扫雷活动。

需要说明的是，双方在孟加拉湾作战多少都显得谨慎源于超级大国的介入。12月10日，美国海军第7舰队第74特遣群离开东京湾前往孟加拉湾，特遣群以"企业"号核动力航母为首，还有4艘导弹驱逐舰、3艘导弹护卫舰、1艘核潜艇、1艘油轮等。

而另一个大国苏联也派遣舰艇进入了印度洋。12月6日—7日，太平洋舰队的1艘导弹巡洋舰和1艘潜艇驶往印度洋。之后，在美国特遣群出发后，苏联又出动了1艘导弹巡洋舰、1艘导弹驱逐舰、两艘潜艇和1艘补给舰。

激战阿拉伯海

作为另一主要战场的阿拉伯海，从海上作战观点出发，在南亚次大陆更为重要，并为印度和巴基斯坦海军未来发展提供了有价值的教训。在这次此海战中，除了印度海军实施的例行反潜与海上侦察外，没有重大的海空战。同样，双方水面舰队在公海也没有重大交战。在阿拉伯海作战围绕着两个战术机动：印方利用从"奥萨"号导弹艇上发射的导弹攻击巴基斯坦海岸附近或岸上目标；巴基斯坦成功利用装备线导鱼雷的"桂树神"级潜艇。这两个行动都留下了烙印，不但在海战结果上，而且在两国未来海军计划上。在印度美化其水面舰队的成就同时，巴基斯坦则通过引证其潜艇作战挽回其荣誉。

印度海军在阿拉伯海战斗序列包括巡洋舰"迈索尔"号、老式驱逐舰"兰吉特"号，两艘护卫舰"特里苏尔"号与"塔尔瓦尔"号，3 艘 14 型反潜护卫舰"库克里"、"库塔尔"及"吉尔班"号，3 艘"别佳"级护卫舰、"基尔坦"、"卡特查尔"和"卡德马特"号，3 艘老式前英国护卫舰"基斯特纳"、"卡韦利"和"蒂尔"号，8 艘"奥萨"级导弹艇，舰队补给舰"迪帕克"号，两艘 F 级潜艇。整个舰队分为 2 个战斗群，第一群是水面舰艇主力；第二群是特别特遣队，拥有两艘"别佳"级护卫舰和 4 艘导弹艇，驻扎在孟买，以对卡拉奇进行第一波攻击。

巴基斯坦海军有 1 艘巡洋舰、5 艘驱逐舰、两艘护卫舰、3 艘潜艇，除了潜艇计划为独立作战外，其余都部署在卡拉奇附近：巡洋舰在卡拉奇以西 60 海里巡逻并占领阵地，以拦截靠近防御薄弱的巴方海岸的印度舰艇；1 艘驱逐舰与 1 艘护卫舰在卡拉奇西南约 70 海里，1 艘驱逐舰在港口以南 50 海里巡逻；1 艘护卫舰在离开港口约 26 海里进行内部巡逻。当敌对行动在 12 月 3 日开始时，这些舰艇重新部署在卡拉奇港的内圈和外圈，距离分别是 26 海里和 52 海里的地方，即 30 英里和 60 英里。

如果单纯比较水面火力，显然巴基斯坦胜过对方，除了火力最强的巡洋舰有 152 毫米主炮外，其余两艘 12 型护卫舰装备 114 毫米主炮，3 艘 14 型反潜护卫舰只有 40 毫米火炮，3 艘"别佳"级护卫舰也只有 76 毫米火炮；

而巴基斯坦除了巡洋舰装备 133 毫米主炮稍有逊色外，所有的驱逐舰和护卫舰都装备 114 毫米主炮。

在某种程度上而言，正是"奥萨"级导弹艇提供了真正的攻击利器，并在武器和作战范围上超过了当时巴基斯坦海军的能力。

攻击卡拉奇

卡拉奇是当时巴基斯坦海军总部，也是该国重要的贸易港口。印军首先使用了"奥萨"级导弹艇对卡拉奇进行了攻击。当时每艘导弹艇上装备 4 枚"冥河"导弹，导弹射程 40 千米，当时该型导弹目标飞行高度很高，还未引进舰舰导弹的掠海型。导弹艇在航速 25 节时航程约 700 海里，如要保持在 30 节以上航速，航程将迅速下降。印度克服了其中的不足，将其任务从靠近海岸的海上抑制改变为远程攻击，既攻击海上目标，也攻击岸上目标。完成这个任务的方法就是拖带导弹艇或者提供中途加油以增加作战范围。8 艘导弹艇在加尔各答卸载，然后被拖带到孟买，拖带速度 10 节。在孟买，它们组成了 K–25 中队，以后又在孟买和柯钦进行了后续试验，以改进拖带效果，效果令人满意。

实际上，当 1967 年埃及用导弹艇击沉以色列驱逐舰"埃拉特"号后，巴基斯坦海军也对导弹艇的使用进行了评估，认为这个不太适合巴基斯坦的防务需求，而且缺少防空火力易在外海遭受空中打击，况且也没有任何反潜能力。另一个方面，巴海军领导人担心如果得到导弹艇，政府就将以资金限制为借口而取代老化的水面舰艇部队。然而，一旦没有水面舰队，巴基斯坦海军将无法维持两翼作战的需要，而导弹艇的航程过短。最终，巴海军对此项目还是放弃了。

在预定攻击前的 5 小时，印度空军派出飞机轰炸了巴基斯坦掩护卡拉奇的附近机场，使得巴基斯坦空军无法对港口实施有效空中掩护。印度的第一次攻击代号"三叉戟"，包括两艘"别佳"级护卫舰和 3 艘导弹艇，第 4 艘艇驻扎在奥哈附近海域，以掩护主力特遣部队返回，并阻止巴基斯坦驱逐舰对卡提阿瓦海岸的任何反击。12 月 4 日 17 时 30 分，行动正式开始。

夜晚，特遣编队以高速机动，在21时50分到达卡拉奇以南60海里处。随即，印军护卫舰"基尔坦"号探测到一个目标，在西北约40海里，推测可能是1艘正在巡逻的战舰；同样，收到了另一个东北35海里的雷达信号，该信号被判断为1艘大型舰只正在较浅水域以16节速度向卡拉奇航行。很快，导弹艇也接到命令，打开雷达，开始捕捉目标。22时00分，指挥官拉奥标定了导弹艇"尼尔加特"号西北的战舰和"尼帕特"号东北身份不确定的大型舰只，命令两艘导弹艇前出攻击。

与此同时，正在巡逻的巴方驱逐舰"哈巴尔"号也开始增大航速以拦截特遣群。22时40分，"尼尔加特"号发射了第1枚导弹，击中了舰艇的锅炉室，驱逐舰用防空炮火开火，但未奏效。随后又发射了第2枚，这艘2325吨的驱逐舰在大约45分钟后沉没。此时，"尼帕特"号也向东北不明身份目标发射了导弹，据称导弹将目标舰艇炸沉两段，目标在不到8分钟内沉没。指挥官拉奥认为是驱逐舰"维纳斯—挑战者"号，当时正从锡亚格恩向卡拉奇运送弹药。事实上，该目标是扫雷舰"穆哈菲兹"号，正靠近特遣群，被击中后，该舰剧烈燃烧70分钟，然后在卡拉奇以南16海里处沉没。巴方资料是印方特混舰队在20时51分在卡拉奇以南70海里距离被雷达发现，随即巴方海军总部在22时26分向水面舰艇发出信号，警告有2组水面信号存在，正在从南部靠近卡拉奇。此时，驱逐舰"哈巴尔"号离卡拉奇约52海里外线巡逻，扫雷舰离港口约26海里内线巡逻，而驱逐舰则受命调查这些信号。之后，两艘舰只均遭到导弹攻击，驱逐舰大约在22时45分被第一枚导弹击中，4分钟后又被击中第二枚，军舰遭受重创。23时15分，下达了弃舰命令，5分钟后，军舰下沉，舰尾先沉，严重向左倾斜。扫雷舰22时45分到达内线，看到了燃烧的失事船只，随即改变航向，以9节速度（作为一艘335吨的木质扫雷舰，这个速度已相当高）朝着有光亮的地方前进。23时05分，被1枚导弹击中，舰体被炸断。

对巴方两艘舰艇发起攻击后，印度指挥官命令导弹艇继续向卡拉奇前进，并把攻击坚持到底。12月5日00时00分，导弹艇"尼帕特"号向港口精炼厂发射了一枚导弹，引起了油罐的熊熊大火。另一艘导弹艇"维尔"

号则对港口附近的 2 个目标各发射了一枚导弹，巴方"维纳斯 – 挑战者"号被击沉，"沙贾·汗"号也损伤严重。当用完所有导弹后，舰艇受命午夜后马上撤离。在撤离过程中，02 时 00 分，"尼帕特"号发生了严重的发动机问题，润滑油软管破裂，速度降到 7 节。经过 2 小时紧张修理，速度又恢复到 30 节。为了避免被巴方空军搜索和攻击，其改变航向取道亚丁，直到到达安全区域后，才转向去集结点的航线。另 1 艘导弹艇"维尔"号也发生了机械故障，勉强返回。据不完全统计，袭击造成约 800 人伤亡。

第二次攻击代号"巨蟒"，由以"迈索尔"号为首的主舰队舰艇发起，计划在 6 日—7 日夜间实施。由于护卫舰"蒂尔"号打破无线电静默，向总部报告了其所在位置，担心可能受到巴方空军空中攻击，海军总部取消了原计划，改为 8 日—9 日夜间。攻击前夕，空军再次出动轰炸了巴方的机场，使得对方丧失了对导弹艇反击的能力。印度两艘护卫舰"塔尔瓦尔"与"特里苏尔"及 1 艘导弹艇"维纳希"号参与了行动。特遣群从西南方向靠近卡拉奇，途中 1 艘企图报告印方编队情况的巡逻艇（巴方称是民船）被"塔尔瓦尔"号舰炮火力压制。导弹艇在靠近到 10 海里距离，于 23 时 45 分向 4 个目标连续发射 4 枚导弹。3 枚导弹命中了在马诺拉停泊点的舰艇，英国所属的"哈马坦"号（Harmattan）商船与巴拿马籍轮船"海湾之星"号（Gulf Star）相继沉没，巴方油轮"达卡"号（Dacca）遭到重创，由于及时采取措施而未沉没。第 4 枚导弹命中了在克亚马里油库的 1 个储油罐。同时，其他水面舰只对军事目标进行了炮击，击中了 34 座油库中的 12 座，按照印方的估计，巴基斯坦损失了原油储备的一半！由于导弹艇发动机问题，回程被耽搁，大约凌晨 4 时特遣部队进入安全海域并在下午与舰队会合。根据不完全统计，此次袭击造成约 2000 人伤亡。

按照印方原先计划，还将发动第三次攻击，代号"凯旋"，准备在 11 日—12 日夜间进行。然而，由于 9 日 20 时 55 分护卫舰"库克里"号的沉没，使得印方将所有可用舰艇与飞机都投入到反潜作战，计划不得不延迟。当印方的西部舰队从反潜战中脱身出来准备进行新一轮的攻击时，彼此的敌对行动已经在 12 月 17 日 20 时 00 分宣布停止了。

■ 印度方面树立的"库克里"号沉没纪念碑。

印度的这两次袭击造成卡拉奇港口损失严重，大部分油罐、仓库和工厂被毁，损失高达 3 亿美元。由于印度海空军的严密封锁，没有任何船只敢接近笼罩在滚滚浓烟中的卡拉奇港。

为了配合对卡拉奇的第二次导弹攻击，印方 3 艘水面舰艇（巡洋舰、驱逐舰、护卫舰各一艘）按计划进行了"大满贯"行动——攻击马卡兰海岸。然而，在行动中，3 艘舰只却将兵力转向了捕捉民船"莫图莫迪"号，在阿拉伯海以一个矩形行动，从北纬 24 度到 15 度，"像马耳他出租车四处冲撞，不急于到达目的地"，行动本身毫无大满贯可言。

"汉格尔"号的功勋

作战历来不是单边的事情，虽然印方在阿拉伯海水面行动中颇获成功，不过巴方在水下作战中也有收获。如前所述，印方已在该海域部署了两艘F 级潜艇，而巴方也有 3 艘"桂树神"级潜艇。按照巴方说法，"随着过时的水面舰队几乎被导弹威胁压制，巴基斯坦海军的整个攻击性努力的担子都落在了小型但有效的潜艇兵力上"。因此，有远程和大续航能力的"卡齐"号被派往孟加拉湾同时，"桂树神"级潜艇由于航程和续航力有限，因此留了下来，准备参加在阿拉伯海的作战。作为刚刚从法国购进的常规动力潜艇，该级艇长 57.8 米，宽 6.8 米，吃水 4.6 米，水上 860 吨，水下 1038 吨，水上 13 节，水下 16 节，潜深 300 米。

巴方潜艇"汉格尔"号（1968 年 6 月 28 日下水，1970 年 12 月 20 日刚刚服役）早在 11 月 22 日就已开始在印方的卡提阿瓦海岸附近海域侦察巡逻，在那里进行了大量探测行动，远到离开海岸约 90 海里。12 月 1 日，接到命令，继续在孟买附近海域巡逻，替换正在行动的"曼格洛"号。2 日，其雷达发现了一支大型舰艇编队正在离开孟买，这就是以"迈索尔"号为首的印度舰队。由于战争尚未爆发，潜艇没有采取攻击行动。4 日 08 时 20 分，潜艇无线电台接受到关于战争已经爆发的消息。

此时，印方舰队怀疑到了潜艇的存在，分成了两个编队。当天，印方两艘护卫舰探测到了潜艇的信号，根据印方资料，护卫舰发射了深水炸弹和自导鱼雷，攻击将近 11 个小时，但没有效果。潜艇"汉格尔"号顺利摆脱对方后，向北扩大了巡逻范围，正是在这一海域，遭遇了对方两艘反潜护卫舰，这是隶属于第 14 护卫舰中队的"库克里"号与"吉尔班"号。在战后评论中印度认为当时让由舰龄较长的 14 型护卫舰去执行反潜任务显得不太合适。

印方战后资料显示 7 日夜其无线电测向器窃听了对方 1 个潜艇加密发射的信号，估计位置在第乌海岬西南约 30 海里，该情况迅即从新德里传递到在孟买的海上作战室。当传抵 14 中队时已经在 24 小时后且 4 级海况条件下，同时也清楚潜艇声纳探测距离几乎是护卫舰的 2 倍。该中队的另 1 艘护卫舰"库塔尔"号因为发动机问题，没有加入作战。两艘军舰于 8 日 05 时 00 分离开孟买。9 日晨，潜艇被动声纳收到了 2 个东北方位的信号，

■ 正在进行训练的"汉格尔"号潜艇。

■ 印度海军"吉尔班"号护卫舰。

148

指示距离 5~7 海里。尽管潜艇已开始处于通气管状态且高速航行，但首次舰艇拦截依然失败，信号丢失。晚上，潜艇在其声纳帮助下，探测到了这些舰艇正在进行矩形反潜搜索。在预测到了反潜搜索机动模式后，潜艇在 19 时 00 分成功占领了有利阵位，与以 12 节速度机动的目标越来越近。在 9800 米得到第一个雷达信号后，潜艇下潜至 55 米，并进行了一次声纳接触，以进行最后阶段的攻击。而此时，护卫舰并未意识到危险的来临，继续其航行轨迹。20 时 27 分，潜艇首先在距离 4500 米，40 米深度向吉号发射了 1 条鱼雷，但未听到爆炸声；随后又发射了第 2 条，5 分钟后，20 时 49 分听到一声巨大的爆炸。印方资料认为库号被 1 个 3 条鱼雷的齐射命中，在 20 时 55 分沉没，包括舰长毛拉在内的 18 名军官和 176 名水兵阵亡。实际上巴方第 1 条鱼雷在 20 时 27 分发射，不过没有命中护卫舰"吉尔班"号；之后 20 时 47 分发射了第 2 条，击沉"库克里"号，然后在 20 时 52 分发射了第 3 条，依然没有命中"吉尔班"号。不过根据《詹氏战舰》给出数据，该级护卫舰编制 140 人，但印方数据显示沉了损失的 194 人外还有约 100 人获救，总数远远超过编制数，印方资料中从未承认"吉尔班"号被命中，然而在行动中损失的人员数量和获救人员数量之谜至今没有一个满意的答案。在军舰下沉过程中，舰长还是表现得很镇定，因而逃生过程中没有人惊慌失措。

随后，为了报仇，印方发起了一个大规模反潜作战——"猎鹰行动"，所有可用反潜舰艇、固定翼反潜飞机"贸易风"、新采购的反潜直升机"海王"都加入这一行列，甚至空军也加入了进来。行动在 13 日 19 时 00 分结束，据称给潜艇以重创，能否回到卡拉奇已成问题。

巴方资料称潜艇在行动后很快进入更深水域，并努力使自己离发射鱼雷地点尽可能远。在随后 4 个昼夜中，其一直处于攻击中，

■ 正在进行训练的"汉格尔"号潜艇。

周围大概爆炸了 150 枚深水炸弹。当它上浮到水面将成功攻击信息传递到海军总部后，印度飞机随后赶到，迫使它在深水以 1.5 节慢速航行。18 日，潜艇安全驶入卡拉奇，指挥官艾哈迈德·塔斯尼恩理所当然获得了第 2 枚勇敢勋章（第 1 枚于 1965 年指挥"卡齐"号获得）。巴方对其行动评价如下："如果说'汉格尔'号的行动表明了我们在潜艇作战上的战术优势，那么，其战略影响更加重要。印度海军取消了'凯旋行动'——第三次导弹攻击，该攻击原计划于 12 月 10 日发起。印度舰队卷入到了猎取潜艇中，为我们的沿岸减轻了压力。我们的官兵士气高涨。"

这个战果也成为了第二次世界大战以来潜艇第一次取得的战果，直到 1982 年这个吨位记录（1200 吨）才被英国潜艇所打破，而功臣"汉格尔"号直到 2006 年 1 月 2 日才退役。

印方的 4 艘 F 级潜艇中两艘在阿拉伯海也有所行动，其中在 5 日曾经遭受巴方巡洋舰的攻击，巴方称距离卡拉奇 50 余海里海上出现一道油迹，印方称这是故意欺骗行为，没有潜艇损伤。

由于 1971 年战争非常激烈，双方海军都曾经有夸大其实的声明，最终双方损失如下。印度：海军损失 194 人，损失护卫舰"库克里"号以及 1 架飞机，空军损失各种飞机 40 余架；认为巴方损失作战舰艇 20 余艘以及飞机 86 架。巴基斯坦：海军损失 3313 人，其中被俘 1413 人，损失 1 艘驱逐舰"海拜尔"号（Khyber）与潜艇"卡齐"号、扫雷舰"穆哈菲兹"号（Muhafiz），3 艘"城镇"级巡逻艇，7 艘炮艇；除了战斗舰艇损失外，巴方还被俘获了 31 艘船艇（小艇 10 艘）。空军损失飞机 40 架，认为印方损失舰艇 6 艘以及飞机 140 余架。

战争给双方带来很多启迪，首先是他们认识到了自身缺乏专门的海军航空兵。空中作战支援海军应该是各自空军专利的概念被证明在实战中不可行，因而战争后两国海军航空兵都获得了优先发展权，巴方从法国采购了"大西洋"巡逻机以及 P-3C"猎户座"，印方则从苏联得到了伊尔 -38"五月"与图 -142"熊"。

第二个启示是潜艇的关键作用，不管是巡逻还是反水面舰艇作战。双

■ 印度海军的伊尔-38。　　　　　　　■ 印度海军的图-142。

方都深刻认识到潜艇与水面舰艇不同,它们既是难以捉摸又极具破坏效果。战争经验表明,没有任何1艘潜艇因为反潜作战而遭到损失,即便是沉没的"卡齐"号潜艇也并不是印方护卫舰"拉吉普特"号直接采取的反潜行动成果。印度随后又追加订购4艘F级,巴方则采购了1艘"桂树神"级和两艘更大的"阿戈斯塔"级。

第三个启示是远程反舰导弹的优势超过了传统的炮火,这就大大增强了甚至是小型和中型海军力量的海上抑制能力,并为他们提供了对抗敌人水面行动的可靠威慑。交战双方按照自己方式来理解这种启示。印度走在了前面,反舰导弹装备了其水面舰艇;而巴方则选择了空射反舰导弹,用"大西洋"、"海王"等作为发射平台,直到80年代,才从我国引进了导弹艇;而"基林"级驱逐舰也开始装备了"鱼叉"反舰导弹。

战争的影响

第三次印巴战争的胜利使得印度对于海军的认识彻底发生了变化。当年底,部分陆军将领觉得"海军出奇制胜的壮举令人瞠目结舌,她在一夜之间消除了人们对于是否值得花钱建设海军的怀疑。它证明了海军并非人们所认为的那样只是一件装饰品"。至此,海军建设在印度三军建设中被正式列为发展重点。

以70年代初印度国防开支额不变价格计算,1979—1980年年度只比1972—1973年年度增加8.4%,然而海军预算却增长了24.3%。整个70年代是印度海军从近海海军向远洋海军过渡的时期。印度海军主要采取了如下措施: 建立了以国产护卫舰为主的舰队; 重视发展海军航空兵与潜艇部队; 系统加强海军基地现代化建设以及成立海岸警卫队。到了 70 年代末, 印度海军已经拥有 1 艘航空母舰、8 艘潜艇、1 艘巡洋舰、1 艘驱逐舰、28 艘护卫舰、16 艘导弹艇、13 艘巡逻艇、8 艘扫雷舰、7 艘登陆舰艇和 4 艘辅助舰船等。

整个 80 年代, 印度军事战略重点从次大陆转向印度洋, 军费分配上也优先照顾海军。这一时期, 海军多数装备来源于苏联, 先后获得了 8 艘潜艇(K 级, 1986 年 3 月—1991 年 3 月服役)、5 艘驱逐舰("卡辛"级, 1980 年 5 月—1987 年 12 月服役)、13 艘小型护卫舰、18 艘扫雷舰, 同时印海军从英国购买了 1 艘航空母舰[①], 从德国购买了 2 艘潜艇(209 型, 首舰 1986 年 9 月服役)等。海军预算达到防御预算的 12.5%, 相当于国民生产总值的 0.6%。

战争使已经从英国势力脱离出来的印度更严重依赖苏联, 随着时间的推移, 西方作者与地区学者慢慢将其描述为一个地区霸权力量, 印方对海军战略更注重远洋化。1988 年 1 月, 印度从苏联租借到了 1 艘 C 级核潜艇"查克拉"号(原装备的 SS-N-7 导弹被拆除, 只能发射常规鱼雷), 成为印度洋地区第一个拥有核潜艇的国家, 引起了周边国家的不安。不过按照印度方面的说法, 某些周边国家过于敏感, 夸大了印度的所谓威胁。因为"任何想控制印度洋的海军都必须要有一个可靠的特遣部队, 该部队至少要有

■ 印度海军的 "卡辛" 级 "拉维贾伊" 号驱逐舰。

[①] 1986 年 5 月以 5000 万英镑从英国购得"竞技神"号, 于 1987 年 5 月 20 日正式服役, 命名为"维拉特"号。

2艘大型攻击航母，能够搭载先进的飞机，完成攻击、反潜和海上巡逻任务，还要有大型水面舰艇，如巡洋舰和驱逐舰，以及至少一个旅的两栖部队，并有适当的保障能力，只有美国能够有这种类型的特遣部队。而印度海军只有1艘轻型航母，搭载一打亚音速的'海鹞'飞机，加少量改进的'卡辛'级驱逐舰和'克里瓦克'级护卫舰，绝对形成不了一个能够'控制'印度洋或者还能对澳大利亚施加威胁的兵力"。

印方认为，对她的所谓不公正威胁论源于冷战背景，尤其是租借核潜艇以及计划中采购3艘同类潜艇有关。不过，印方认为冷战一结束批评马上就没有了，而自从1991年1月印度在3年租借期满后将核潜艇还给苏联后，批评更是消失得无影无踪了。

而巴基斯坦方面，1971年的战争由于东巴的丧失，影响了她的整体防务思想，更影响了她的海军思想。海军司令部从卡拉奇迁到了伊斯兰堡，由于没有了保卫东巴基斯坦和两翼绵长的海上交通线的负担，海军战略自然就集中在了阿拉伯海和波斯湾。而海军力量的重建则排到了议事日程。随着东巴的失去，进一步加强了早期的大陆国家说法，特别是阿富汗问题；要知道巴方在阿拉伯海占据着一个至关重要的地缘政治学位置：其马卡兰海岸控制着阿曼湾，进而可以控制霍尔木兹海峡。所以，海军发展始终受到有识之士与外来力量的关注。

首先是加强海军航空兵。鉴于自身海军航空兵的薄弱，巴方先后考虑

■ 巴基斯坦海军的"海王"直升机。

过"大西洋""搜索者""贸易风""海王星"，但由于资金等问题的困扰，到了 1975 年终于采购了 3 架"大西洋"反潜飞机。此外，1977 年引进了 8 架法国云雀 III 直升机，加强了侦察能力。

再次是重建水面舰艇部队。1981 年，巴方从英国获得了 1 艘导弹驱逐舰"伦敦"号，随后更名为"巴布尔"号，并且在 1984 年进行了改装以搭载可以携带"飞鱼"空舰导弹的"海王"直升机（巴方在 1975 年从英国得到了 6 架该型直升机），而原来的"巴布尔"号则被更名为"胜利者"号。在 1977 年—1983 年，巴方一共得到了美国转让的 8 艘"基林"级驱逐舰，尽管这些舰比较老，但使用状况较好且装备远远优于之前的英国舰艇。

当然潜艇部队也有所实力增强，在 1975 年从法国引入了 1 艘"桂树神"级潜艇。而且在这一时期还从法国获得了"飞鱼"空舰导弹。

之后，由于苏联入侵阿富汗，巴基斯坦在美国心目中俨然成为了前线国家。为了有效对抗苏联在南亚的侵入，美方也大大增强了对与巴基斯坦的军事援助。在 20 世纪 80 年代，美国平均每年军援 300 多万美元。同时，巴方还得到了同为伊斯兰国家的沙特阿拉伯的支援，金额有 10 多亿美金。

整个 80 年代，巴基斯坦海军由于阿富汗危机的存在，获得了许多先进装备，例如"鱼叉"舰舰导弹、"阿斯洛克"反潜导弹、"飞鱼"MM38 舰舰导弹，还从美国租借到了 4 艘"布鲁克"级和 4 艘"加西亚"级护卫舰，而且美方还同意可以出售 3 架 P–3C"猎户座"反潜飞机（预计 1991 年就可交付）。这一时期，巴方还在 1988 年从英国购买了 2 艘"利安德"级护卫舰，从我国获得了 2 艘大型巡逻艇、8 艘导弹艇与 1 艘补给舰（2.1 万吨），1982 年开始陆续从荷兰得到 7 架福克 F27 巡逻和运输机。

当冷战结束后，美方的热情一下子降温，原先特许的 3 架 P–3C"猎户座"飞机由于国会压力而停止转让（直到 1997 年才交付），立刻召回了原先租借的 8 艘护卫舰，为了填补缺口，巴方不得不又从英国采购了 6 艘 21 型护卫舰作为替换，而另一突出的问题是驱逐舰过于老化，也需要替换。潜艇实力有了进一步的增强，巴方从法国得到了 3 艘"阿戈斯塔"级潜艇。

■ 印度海军从俄罗斯购入的"维克拉玛蒂亚"号航母。　　■ 巴基斯坦海军编队。

尾声

冷战结束后，双方都不约而同的加强了海军的发展。

印度方面，冷战结束后加紧实施印度洋控制战略。鉴于印度洋洋面宽阔，中间岛屿较少，曼德海峡与马六甲海峡控制着进出印度洋两边最主要的咽喉要地，因而印度海军考虑到自身实力尚未强大到可以控制整个印度洋，所以先以完全控制孟加拉湾和阿拉伯海为重点，认为这样可以有效保证印度两翼的安全。

进入 21 世纪后，印度海军更是开展了远洋进攻战略。2000 年 4 月 14 日，时任的国防部长费尔南德斯大放厥词，提出"从阿拉伯海北面到南中国海都是印度的利益范围"。而时任海军司令的库玛上将在当年的舰队检阅式上也表示，"印度海军不仅要拥有 3 艘航空母舰，还要在孟加拉湾东部的安达曼群岛建立远东海军司令部，使其成为印度海军的第三个作战枢纽，用以保证更有效地向太平洋地区拓展势力"。当然这一宏伟目标至今尚未实现。

巴基斯坦方面，在冷战结束后对海军加强了建设。巴方最初准备引进 4 艘美国退役的"查尔斯·亚当斯"级导弹驱逐舰，但未能如愿，之后转而引进了 6 艘英国退役的 21 型护卫舰。1994 年 9 月 21 日，巴方从法国引进了 3 艘先进的"阿戈斯塔"90B 型常规潜艇。同时，巴海军还改变了只有卡拉奇一个海军基地的历史问题。1997 年 5 月，新基地奥尔马拉（在卡拉奇以西 250 千米）开始投入使用，此后巴海军大部分舰艇驻防此地。此外，1997 年得到了空军转交的法国"幻影"-5 攻击机，增强了海军对地与对舰攻击能力。

进入 21 世纪后，巴方又先后从我国和美国得到了护卫舰，增强了水面舰艇的作战实力。同时在海军航空兵方面，也先后从我国和美国得到了直-12 与改进型 P-3C 巡逻机，增强了反潜力量。

就当前来看，双方关系虽说有所缓和，但焦点问题克什米尔依旧悬而未决，双方经常发生因为宗教、民族和领土纠纷而产生冲突。长期以来，双方一直处于对峙状态，严重影响地区和平，希望有一天可以真正结束这种不正常的状态！

玉碎比阿克

1944 年美日比阿克岛争夺战（下）

作者：胡烨

158

■ 美国陆战队在太平洋使用的M4重型坦克，这种 ■ 美军在太平洋战场上使用的75毫米榴弹
在欧洲战场上相对平庸的坦克在太平洋战场上却能大 炮，与坦克方面的差距相同，由这种火炮构成
显神威，屡屡让既缺乏反坦克武器又缺乏优秀坦克的 的美军前线支援火力也往往能够压倒日军。
日军大吃苦头。

　　俗话说凡事预则立，不预则废。比阿克之战的美军是深谙其道。在新一轮进攻前，"飓风"特遣部队司令部照例拟订了详细的进攻计划：6月1日，担负主攻重任的第186步兵团3营穿越博斯内克北部珊瑚岭和2营在半成机场会师，做好进攻准备，6月2日两营一起沿着奥皮阿雷弗通往内陆的公路（日军称为战车道）向西朝默克梅机场群发起攻击，1营担任第2梯队，在两营侧后跟进。第603坦克连5辆M4"谢尔曼"坦克、第116工兵团1个排和第12野战急救所1个分队、和第121野战炮兵营（装备75毫米榴弹炮）负责支援186步兵团。

　　在第186步兵团展开攻击的同时，第162步兵团也将沿着海岸公路向西面和北面进入埃布迪和曼多姆背后的海岸山岭，做好助攻准备。6月2日，第162步兵团2营穿越海岸山岭，从侧翼支援第186步兵团。同时，第162步兵团主力（1营和3营）将再一次穿越帕莱小道，协同第186步兵团夹击默克梅机场。第116工兵团C连、第603坦克连7辆M4"谢尔曼"坦克、第146和第947野战炮兵营、第641坦克歼击营D连（装备4.2英寸迫击炮）、1艘防空机械登陆艇、2艘坦克登陆舰、1艘特种步兵登陆舰负责支援162团主力的进攻。援兵——第163步兵团1营和3营固守博斯内克，负责第186步兵团的后方安全。

　　6月1日08点30分，第186步兵团1营和3营按计划从博斯内克附近出发，向北翻越珊瑚岭，朝半成机场挺进。11点00分，3营首先抵达半成机场西端，建立了一个环形防御阵地。其中，K连在反坦克连2门火炮支援下，于营主力阵地西北400码的1个路口建立防御阵地，和营主力形成掎角之势。午后，第121野战炮兵营和第603坦克连1排先后赶到半成机场，做好了次日进攻的准备。

　　面对美军的新一轮集结，比阿克支队没有坐以待毙。13点30分，第222步兵联队1大队以2中队残部约25人向驻守机场路口的K连发动第一次进攻。2中队人数不多，但士气高昂，在猛烈的迫击炮和机枪火力支援下，勇猛地冲进K连阵地，惨烈的肉搏战一直持续到17点00分才告结束。

　　显然，这只是1大队的试水，更猛烈的风暴还在后头。为了防止顶在最前面的K连被日军吃掉，3营于黄昏时刻把I连和L连顶上，掩护K连左右两翼，营部和M连继续留在机场西端附近，第186步兵团团部、2营、第

■ 在太平洋战场上与日军搏斗的美军。日本人虽然在冲锋时往往士气极为疯狂，但在美军的优势火力面前也很少取得成功。

121野战炮兵营、加农炮连和第116工兵团1个排和第603坦克连1排在机场中央集结。

果不其然,1大队主力(约300人)于03点30分在大队长齐藤吾右门卫少佐率领下,从南和西北两面向I、L、K连阵地发动决死冲锋。再一次,美军依靠布设在阵地前沿的大量听音器,早早发现了日军企图,并立即呼叫炮火支援。于是,第121野战炮兵营、第186步兵团2、3营全部迫击炮群和第603坦克连1排立刻以猛烈而密集的炮火封锁了I、K、L连防御圈前沿,大部分日军还没接近美军阵地就倒在炮火下,少数侥幸穿过火制地带、强行冲进阵地的日军又遭到美军明晃晃刺刀的迎击,血战整整持续了4个小时。当6月2日的太阳升起、硝烟散去时,3营阵地周围躺满了日军尸体。据美军统计,这仗共击毙日军86人,自己仅阵亡3人、负伤8人。根据日军战史记载,第222步兵联队1大队共有300人参加了当晚对半成机场的夜袭,包括大队长齐藤吾右门卫少佐约220人在6月1日到2日的战斗中阵亡,其中近半数死于1日的夜袭,仅有不到80人幸存,而且大部分还是重伤员。经此一战,第222步兵联队1大队丧失了有效战斗力,幸存的官兵患上了火力恐惧症,接下来的战斗中再也不敢做这种自杀式冲锋了。

与此同时,第162步兵团却比计划提前一步,先行向海岸山岭发动进攻。当天,第162步兵团2营以E连和G连为先导,沿着若人道展开攻击,13点00分,美军轻松拿下了第3岭。然而,陡峭的山势和第222步兵联队3大队一部的坚决抵抗,使美军的进展渐渐趋缓。当夜,E连留在第3岭过夜,准备在次日继续向第4岭发起攻击。

面对美军的猛攻和战局剧变,日军的增援行动被迫提速。

6月1日,海上机动第2旅团乘坐舰艇赶到达沃。在"青叶"号重巡洋舰司令室,陆海军代表就第一次浑作战实施召开作战会议,决定6月2日20点30分从达沃出发,预定6月4日22点00分登上比阿克。相对海上机动第2旅团的混混沌沌,已抵达诺埃姆福岛第221步兵联队2大队(小泽大队)倒是一点也不含糊。在大队长小泽久平大尉带领下,2大队本部、6中队、第2机枪中队主力携带2门92步兵炮作为第一梯队乘坐3艘大发,从诺埃姆福出发，开赴比阿克。当第 2 梯队和引地中队（第 222 步兵联队 5 中队）正要出发时，第 2 军司令部突然接到诺埃姆福遭到攻击的误报，马上下令："取消小泽大队和引地中队派往比阿克的命令，转而充实诺埃姆福岛防备。"，结果引地中队和第 2 梯队暂时留了下来。倒是小泽第 1 梯队于 3 日夜到 4 日凌晨在比阿克成功登陆。但他们还没得喘息，美军就开始了正式进攻。

6 月 2 日 08 点 00 分，第 186 步兵团 1 营按计划翻越珊瑚岭，与团主力会合。09 点 00 分，第 186 步兵团以 1 营为左翼、3 营为右翼、2 营跟进，在第 603 坦克连 1 排和第 121 野战炮兵营全力支援下，开始向西朝默克梅机场发起正式进攻。由于 1 大队在昨夜的进攻中完全丧失战斗力，所以美军在推进途中几乎未遇有力抵抗，就顺利打到了帕莱东北 600 码，拉平了和第 162 步兵团的战线。一天下来，第 186 步兵团阵亡 6 人、负伤 10 人，宣称毙敌 96 人。伤亡惨重的 1 大队无力阻击，只得放弃机场前沿地带，使 186 团轻松达成了作战任务。

相对 186 步兵团的顺利进展，沿海岸山岭往北进攻的第 162 步兵团却遇到了强大的抵抗。09 点 30 分，担任尖兵的 E 连绕过第 4 岭，直接向第 5 岭发起攻击，遭到第 222 步兵联队 10 中队和台湾高砂义勇队的顽强抵抗，激战 2 小时，寸土未得。11 点 50 分，F 连赶到第 5 岭，2 个连合力攻击，终于取得进展，拿下了主峰。不过，日军在第 5 岭到第 7 岭之间的部分地带布下重兵，如果挨个攻打，无论是时间还是人力都不划算。于是，E 连和 F 连决定绕道攻击。为了加强攻击部队实力，2 营把手头上最后 1 个步兵连——G 连也派上战场。经过艰苦战斗，3 个连最终拿下了第 7 岭主峰，并于 15 点 00 分在内陆平原和第 186 步兵团 E 连取得联系。

为了支援比阿克地面作战，美军于当天还出兵占领了欧维岛，并将重炮拖上岛，加强了对比阿克的炮击力度。

162 步兵团 2 营在海岸山岭间的迅猛突破，使埃布迪口袋阵内驻防的第 222 步兵联队 3 大队左翼完全暴露。为了遏制 2 营的进攻，3 大队所属的第 3 作业小队、第 3 炮兵中队和 10 中队之千叶小队在薄暮时刻对第 7 岭展开猛烈反击，但寡不敌众，千叶小队长以下 10 人战死，反击失败。

■ 在第二次世界大战期间，美国拥有世界最为强大的战场工程能力，可即使如此，想要在短时间内修建一条道路也绝非易事，在比阿克岛之战中，工程团的进展速度甚至赶不上攻击进展。

随着美军越深入内陆，淡水缺乏的问题开始显现。为了解决送水问题。第116工兵团B连奉命修通一条自半成机场起到默克梅机场东北长约5000码的山地公路，以便从博斯内克起程，经奥皮阿雷弗和半成机场的补给、运水车队能顺利到达一线。然而，山路崎岖难行，加上日军狙击手的不断袭扰，B连费劲九牛二虎之力，修路速度也没能赶上部队的攻击速度。无奈之下，美军只得采取最原始的人挑肩扛方式向一线部队送水，但人手缺乏和5加仑水桶不足又极大限制了运水量。2日夜，第186步兵团每人仅分得1品脱水。此刻，干渴已超过日军，和疟疾一起成了美军最大的敌人。

6月3日美军继续展开攻击，当天的目标是海岸山岭和默克梅村附近通往内陆的一个交叉路口，距出发阵地约3公里。07点30分，第186步兵团以1营为右翼（北面）、3营居中、第162步兵团2营为左翼（南面），沿着宽约900码的正面，在第603坦克连5辆M4"谢尔曼"坦克的支援下，跃出阵地向西攻击。其中，1营和3营的任务是在机场前沿打下一个立足点，第162步兵团2营的任务是寻找一条穿海岸山岭向南直通帕莱的山道。作战支前工作由第186步兵团2营和第41军需营共同担当。

可当天的进攻却没了 2 日的风采。道路狭窄、植被浓密、淡水缺乏，使第 186 步兵团一个上午才走出不到 500 码，好在正午时刻淡水送到，极大缓解了缺水问题后，速度才提了上来。15 点 00 分，第 186 步兵团和第 162 步兵团 2 营在预定目标前半公里停止前进，就地转入防御。入夜后，赶到一线的 2 营顶在最右翼，全军以团部为中心，构成环形防御。美军的纵深突破，给比阿克支队造成了巨大的威胁。入夜后，第 1、第 2 迫击炮中队、第 36 师团海上运输队的辛川小队、第 14 师团海上运输队之鸭梨中队分别向第 162 步兵团 2 营和曼格洛的炮兵阵地展开猛烈反击，宣称炸毁 2 辆 M4 "谢尔曼" 坦克，美军方面没有记载。

6 月 4 日凌晨，富勒少将通过无线电下达了 4 日的进攻命令：第 186 步兵团以 1 个营的兵力翻越海岸山岭，然后东转沿着海岸公路从背后向第 162 步兵团正面阻击之敌发起攻击，协助 162 步兵团打开进军默克梅机场的山路。但这道命令立即遭到第 186 步兵团长纽曼上校驳回，理由是往南翻越海岸山岭纯属天方夜谭，他的计划是往西北翻越正面的内陆主山岭顶峰，朝默克梅机场东北高地群展开主攻，同时分兵一部往西南从主山岭鞍部穿过，两面夹击守敌，先行夺取机场周围制高点，再回头拿下机场。

正当两人争执不下的时候，"飓风" 特遣部队突然接到了一个惊人的情报，日军正准备实施反登陆。接到报告，富勒少将果断下令 186 步兵团暂停进攻一天，防范日军背后登陆。当天唯一成规模的战斗发生在曼格洛附近，美军第 162 步兵团一部在周围展开清剿战斗时，意外撞上了设在附近丛林的比阿克支队本部。为了保护支队长葛目大佐的安全，联队副官鹿野善藏大尉领着联队本部、通信队和机关炮队一部共约 150 人拼死反击，在付出战死德田少尉以下 20 人后，才勉强击退了美军，保住了支队本部。

对于日军而言，6 月 3 到 4 日是比阿克战役决定性的时刻。可惜，日本陆海军高层指挥员在这两天犯下的致命错误，使比阿克战役胜负天平加速向美军倾斜。

6 月 2 日傍晚，第 1 支浑部队运载着海上机动第 2 旅团主力从达沃出发，风尘仆仆地开赴比阿克。途中，诸事不顺。先是 6 月 3 日被美军 B-24 发现，

■ 时任联合舰队司令长官的丰田副武。正是他的错误决定，才使浑作战不仅没有发挥任何作用，还让联合舰队在马里亚纳大海战之前分散了兵力。

担心引来美军航母部队围剿的联合舰队司令长官丰田副武大将遂下达暂停实施浑作战命令。4 日凌晨，判明美军航母部队暂不会有举动后，又命令浑部队集中驱逐舰群运载海上机动第 2 旅团高速突入比阿克。岂料，正午时刻，1 架飞临比阿克的陆军侦察机却报告发现含 2 艘空母在内的美军航母部队。混乱中，联合舰队司令长官丰田副武大将没有进一步确认敌情就独断取消了第 1 次浑作战。傍晚，1 架海军侦察机飞临比阿克近海时，才发现美军并无空母，仅有轻巡洋舰以下舰只，浑部队完全可应付自如，但此刻海上机动第 2 旅团已经登上索龙，第一次浑作战就这么稀里糊涂地结束了。比阿克支队盼星星、盼月亮，却始终没有等到海上机动第 2 旅团的到达。随着时间一天天地推移和比阿克支队战斗力的日渐削弱，海上机动第 2 旅团已成了客观上日军唯一能扭转比阿克战局的希望。可丰田副武的一道不经大脑思考的胡乱发令，使比阿克支队的希望渐渐化为泡影（详情见附录"浑"作战）。

无独有偶，在海军犯错的同时，陆军也犯下了同样重大的错误。前面提到 6 月 2 日，美军为了加强对比阿克的炮火支援力度而占领了欧维岛。结果，迟迟未和第 222 步兵联队 1 大队取得联系的方面军参谋长沼田中将武断认为 1 大队夜袭取得巨大成功，在欧维岛登陆之敌应为败逃之敌。于是，他没有征求葛目大佐的意见就擅自电告第 2 方面军和第 2 军："6 月 1 日在比阿克的夜袭，将美军压缩至曼格洛、博斯内克之间，一部甚至逃往欧维岛！2 日早晨，新敌在博斯内克上陆。"接着，千田少将又以比阿克的第 19 警备队的名义向第 2 军拍发了一封毁灭性电报：

第 19 警备队机密 3 日 1600 发电:

3 日比阿克岛战况如下:

1. 敌上陆部队在曼格洛、博斯内克之间于 07 点 00 分以来动用坦克逐次撤退,行动不甚活跃。

2. 机场方面,我军仍在戒严中,但从登陆日到本日状况无太大变化。

3. 敌在博斯内克附近勘测地形,似乎准备建立供小型侦察机用机场。

7. 陆军在博斯内克北方 5 公里的曼格洛、埃布迪之间据点准备攻击中,数日之后大增援部队即可到达,届时战况将趋于顺利。

接到电报,第 2 方面军和第 2 军一致做出了极为严重的错误判断,认为美军已完全被压缩进博斯内克狭长地带,正引颈待戮!于是,兴奋难耐的第 2 军司令官丰岛中将遂向比阿克支队发出了决战令:

势作命甲第 107 号

第 2 军命令:6 月 3 日马诺夸里

1. 比阿克支队连续果敢的攻击逐次将敌压缩至博斯内克、曼格洛附近,新敌于 2 日早晨在博斯内克附近登陆。

2. 日军决定全力歼灭比阿克之敌。一旦玉田旅团(海上机动第 2 旅团)上陆,即归葛目支队长指挥,务必摧毁比阿克之敌。

好像急着看到捷报似的,丰岛中将又在 6 月 4 日持续下达进攻令:

势作命甲第 111 号

第 2 军命令:6 月 4 日马诺夸里

1.2 日在博斯内克附近新上陆之敌在其北侧台上(山岭)构筑机场中。比阿克支队在博斯内克北方 5 公里附近,准备对曼格洛和博斯内克一线展开攻击。

2. 本军应尽速增强比阿克支队,在歼灭登陆比阿克登陆之敌的同时,强化诺埃姆福的防务。

3. 第 35 师团长尽快调遣在诺埃姆福岛的引地中队以身艇机动至比阿克,回归原建制。第 229 步兵联队一部也应加强同岛防务。

4. 比阿克支队长在第 5 中队复归的同时,指挥部队聚歼博斯内克附近之敌。

就在这时，几名1大队残兵返回机场地区，亲自前往收容的葛目大佐这才了解到1大队的惨状。为了补充各个大队，尤其是1大队的损失，葛目大佐决定解散安藤集成大队，把兵员补入1大队。同时，他还电告西洞窟的沼田中将和千田少将，痛陈东面战况（半成机场到默克梅机场之间系比阿克支队防区的东翼）的恶化和1大队进攻失败、濒临覆灭，他请求集中兵力于东翼，全力阻止美军对机场的第2次进攻。可正做着全歼美军之梦的沼田和千田少将对这些报告置之不理，成天待在潮湿闷热的西洞窟里的沼田中将根本就没有意识到东方战况恶劣程度，在他看来，美军对半成机场的行动纯属回光返照。当务之急应是集中兵力向南进攻，歼灭残敌，然后再回过头来收拾东方战线这群不识趣的家伙，岂不快哉！

不过，葛目大佐毕竟是联队长，再怎么着也得尊重尊重人家，哪怕是表面上的。你不是要守东面吗？好，那我就把比阿克全岛分成东西两个战区，东战区由葛目大佐负责，西战区由沼田中将负责，但大反击还得劳烦你葛目大佐亲自指挥。结果，沼田中将独断专行，继续准备着南方大反击，没有给东方战线发一兵一卒，使战场平衡态势逐渐被打破，直到最终的败亡，比阿克支队再也没有翻身的机会。

6月4日晚，判断日军海上反击的威胁暂时消除后，富勒少将决定继续进攻。由于迟迟没有找到南向翻越海岸山岭的小道，他只得心不甘、情不愿地批准了纽曼上校的计划。

6月5日08点00分，第186步兵团继续在第121野战炮兵营的支援下展开攻击。但缺水再一次影响了作战行动。自6月4日拂晓起，第186步兵团就没有收到一滴水。在所有人都渴得近乎发狂的情况下，纽曼上校不顾团部和各营长反对强行下达进攻令，引起全体将士的反感，尤以担负突前尖兵的3营为甚，全军士气低落，无暇战斗。在未遇敌抵抗的情况下，进展却堪比蜗牛！

正午时刻，倾盆大雨而至，纽曼上校只得下令暂停进攻，就地用水壶和雨衣取水。这场大雨的到来，有效地缓解了美军的缺水，士气开始高涨起来。15点00分，3营打到距主山岭仅500码地带。接着，在K连1排的引导下，全营沿着一条崎岖地山道直接登上了主山岭顶峰。16点00分，3营停止进攻，在山顶转入防御。现在，美军已是居高临下，只要再往前穿过西南坡密林，3营就可以直接向机场西北的天水山和梯岭发动进攻，扫清机场外围要点，再像摘桃子般的轻取机场。

为了支援3营主攻，第186步兵团各营在当天也展开了策应战斗，2营推进到主山岭顶峰的谷地，确保3营补给线安全。1营在2营南面700码占据防御阵地，防止南面日军反击。第162步兵团2营依旧留在东南平原，等待进一步指示。第116工兵团B连则在第186步兵团G连的掩护下，在当天下午把山路修到了主山岭顶峰脚下。于是，第121野战炮兵营立即出发，于黄昏前在主山岭顶峰东面3500码建立新的炮兵阵地。

面对美军持续不断的猛攻和战线逐渐朝默克梅机场逼近的危急状况，方面军参谋长沼田中将开始依旧置之不理。在他看来，这只不过是美军的挺进侦察兵、数量不超过50人，目的仅是威力搜索、执拗地向日军显示自己的存在而已，只要出动222步兵联队2大队少量兵力即可歼灭。当务之急还是尽快实施南向大反击，将美军主力赶下大海！12点20分，沼田中将和千田少将照例向第2军拍发联名电：

6月5日比阿克岛战斗概报

1. 博斯内克登陆之敌正向台上（主山岭）进出，目前正构筑东西走向的车道，其西端一直通达默克梅机场东北，06点00分在博斯内克近海停泊着驱逐舰和巡洋舰约30艘，扫海艇约10艘、舟艇约30艘。

2. 敌人约50人于午后进出默克梅机场东北台地，2大队一部正在攻击中，计划今夜破敌，然后再向支队主力方面转移。

3. 第17野战飞行场设定队主力（约150人）西进，计划在今夜击破默克梅机场方面进出之敌，支队主力计划在7日夜展开总攻。

4. 敌在博斯内克附近部署的重炮、半成机场地区和后方部署的重火器射击，对我行动构成巨大之妨碍。

这样，在沼田中将的主观臆断和胡乱指挥，以及第2军连续两道不切实际的进攻命令下，原本打算转入全面防御的葛目大佐只得违心执行进攻令，

■ 对于比阿克岛战事日军逐渐陷入被动，第二方面军参谋长沼田多稼藏中将要负有最主要的责任。照片为1945年在南亚战场上向英印军队投降的沼田多稼藏（左）。

■ 战后被美军缴获的大发登陆艇。大发是日本海军在二战时期最有效的登陆艇。

准备动用第222步兵联队2大队主力于7日夜向博斯内克展开全面反攻。在这个作战思想的指导下，2大队奉命机场地区，使默克梅机场东面防务异常空虚，第186步兵团3营几乎没有遇到重大抵抗就完成了当天的作战任务。而日军仅能以小股兵力袭扰美军东西走向的山道。

根据日军战史记载，当天一共进行了3次较大规模的袭击：第1大队（原大队长齐藤吾右门卫少佐战死后，由炮兵第1中队长齐藤齐大尉代理）以高桥混成小队（约40人）、第2大队以7中队主力和第2作业队、第3大队以10中队所属的宫坂小队和第3作业队（合计约80人）对战车道展开攻击，前两次伤亡和战果不详，第3次缴获部分迫击炮而归。

相对沼田中将的自信和葛目大佐的无奈，第2军和第2方面军在接到沼田中将5日拍发的战斗概报后，却开始着急起来。前几天还濒临覆灭的美军怎么一下子又活跃起来，而且再一次逼近机场，而比阿克支队的战斗消耗逐次增大，如果没有强大的后援，不要说反攻，就连打持久战都甚为困难。于是，第2方面军司令官阿南惟几大将和南方军总司令官寺内寿一元帅拼命催促联合舰队抓紧实施第2次浑作战。同时，还下令滞留在诺埃姆福岛的引地中队（第222步兵联队5中队）和小泽大队第2梯队立即出动，乘大发增援比阿克。

显然，日军高层已经开始意识到比阿克的危机，必胜的心态已发生了转变。日军急，美军更急。战前，麦帅曾向尼米兹和联合参谋长会议拍着胸脯保证在 6 月 3 日以前拿下比阿克机场群，然后派遣第 5 航空军重轰炸机群进驻，全力以赴支援马里亚纳作战。可现在已经 6 月 5 日了，离马里亚纳战役打响只有 10 天时间，而美军却依然没有攻下哪怕 1 座机场！这让一向好面子的麦帅十分不爽，三番五次地催促（甚至是胁迫）克鲁格加快进攻速度，尽快打下机场。于是，克鲁格又向富勒少将施压，要求他必须在三天内攻下机场，否则就临阵换将！在上级巨大的压力下，富勒少将推翻了纽曼上校和副师长杜埃准将原先拟订的先迂回攻克机场西北的天水山、梯岭，然后再居高临下轻取机场的作战方案，命令第 186 步兵团直去默克梅机场，然后再打到南部海岸建立一个稳固的滩头阵地以供应补给。富勒少将的独断引起杜埃准将和纽曼上校极大的不满，可人家毕竟是一师之长，再怎么不满，命令也得执行。当时，富勒少将也顾及到了两位爱将的想法，要求第 5 航空军在进攻发起后务必对博洛克机场群周围实施不间断的空中打击，掩护第 186 步兵团右翼。一旦第 186 步兵团拿下机场，原本守备后方的第 163 步兵团就会抽调部分兵力掩护运载淡水和补给的车队从博斯内克出发，直入机场，确保第 186 步兵团补给无虞。

　　尽管得到了富勒少将的承诺，但第 186 步兵团在 6 月 6 日却没能发起攻击。缺水，还是困扰部队作战的最大的难题。同时，3 营也不断派出巡逻队搜寻从顶峰通往机场的捷径。中午，纽曼上校直截了当的向富勒少将报告，上午一没淡水，二没发现捷径，今天的仗没法打，即使下午解决了上述两个困难，黄昏也快到了，总之今天打不了。在纽曼上校近乎威胁的语气下，心急如焚的富勒少将最终妥协了。同时，他还承诺第 163 步兵团掩护运载淡水和补给的车队一定会在今天下午到达一线。

　　在富勒少将的严厉督促下，车队在 14 点 00 分将物资和淡水运到顶峰山脚。接着，2 营全体出动，人扛肩挑地把淡水送上顶峰。淡水一到，3 营恢复了士气，立即出动巡逻队侦察。14 点 30 分，3 营终于发现了一条经由主山岭西坡直通默克梅机场的捷径。纽曼上校决定趁热打铁，下令全军进入预定攻击阵地。

15点00分，第186步兵团以3营在前、1营在后，沿着主山岭西坡直下，向预定攻击阵地开进。第186步兵团2营和第162步兵团2营担任第2梯队，并负责一线部队的补给和淡水输送作业。至16点30分，各部全部进入预定阵位，做好了7日的总攻准备。

日军方面，6月6日也相对平静，没有发生大战斗。趁此机会，葛目大佐拟订了全面进攻计划：第222步兵联队3大队（须藤大队）从埃布迪口袋附近向曼格洛到博斯内克的海岸公路段周围之敌发起攻击，第222步兵联队2大队（牧野大队）由葛目大佐亲自率领，从正面直取博斯内克。6日清晨，葛目大佐向各个参战部队下达集结令。为了兼顾进攻和机场防卫，2大队准备在机场留下了6、7中队各1个小队、第2炮兵中队半数和第2迫击炮中队主力，然后大队主力在牧野贤藏大尉带领下，赶往半成机场西北山区，准备先行夺回半成机场，然后再南下参加总攻。入夜后，日军继续对美军展开规模不等的袭扰战。3中队代理队长大村少尉以下40人对半成机场、3大队所属的第3迫击炮中队村川幸治少尉以下60人和第36师团海上运输队的辛川小队对战车道分别实施夜袭，战果和损失不详。

6月7日，美军以强大的炮火开道，正式开始了对默克梅机场的第2次总攻。07点00分，第146、第205和第947野战炮兵营沿海岸东面摆开阵势，对默克梅机场方圆1000码进行猛烈的覆盖射击，作为对第186步兵团的全般支援。在186团身后跟进的第121野战炮兵营则有计划地对机场和周围梯岭暴露的日军据点进行逐一"排查"。同时，第5航空军也出动B-25、B-26对博洛库埃机场和周围梯岭实施密集轰炸。猛烈的炮火和航空火力准备持续了30分钟。

07点30分，第186步兵团以3营和1营为第一梯队，第162步兵团2营为第二梯队，跃出主山岭，沿着西南向默克梅机场发起攻击。08点50分，3营和1营横越机场，一口气冲到默克梅南部海岸，占领了索博埃里阿（Sboeria）。令人吃惊的是，他们竟然没有遭到日军的抵抗！不久，第162步兵团2营也打到海岸，3个营一会合，立即开始在机场—海岸之间建立防御阵地，等待补给和淡水的到达。这天的作战任务如此轻松达成让美军有些飘飘然了。本来，富勒少将还担心机场附近至少得激战一天才能建立滩头阵地，没想到进展比预期还顺利。于是，富勒少将下令运输车队在第186步兵团2营、加农炮连、勤务连和团部连的掩护下，于09点15分出发，向默克梅机场进发。

直到这个时候，日军才晃过神来，美军已经出现在了自己的眼皮底下！09点45分，第2迫击炮中队的山田兵长首先发现美军，于是赶紧呼叫副炮手佐藤一二三兵长协助，在1100米开外向美军射出了第一弹！接着，日军全部醒悟过来，第2炮兵中队、第2迫击炮中队、长谷川高射炮中队、第1炮兵中队和第1迫击炮中队集中火力在天水山、机场周围梯岭埋伏的日军各个机枪火力点的配合下，以猛烈的火力将美军压制了整整4个小时。

为了反制日军火力，第947、205和121野战炮兵营放弃其他任务，全力投入支援战斗。186步兵团的迫击炮群也根据枪口焰位置进行不断的轰击，逐一打掉日军火力点。

与此同时，美军补给车队在途中也遭到了山路两侧埋伏的日军火力阻击，前进十分困难，近三分之二的车辆被迫撤退，只有第186步兵团2营掩护着先导车队冲进机场。接到报告，富勒少将终于意识到机场战斗的艰难。于是，

■ 日本陆军装备最普遍的大正11年式轻机枪、俗称歪把子机枪。作为海洋联队编制的第222步兵联队装备了72挺之多，在比阿克战役中发挥了巨大作用。

■ 一辆正从LCM登陆艇上开下来的M4坦克。由于日军火力的拦截，美军在白昼间仅能将3辆M4坦克送上海岸。

他果断取消了陆路补给，改由海路运输，利用舟艇运载物资从博斯内克出发前往索博埃里阿。

正午时刻，3艘机械登陆艇（各装载1辆M4"谢尔曼"坦克，由第542舟岸工兵团负责操纵）和3艘步兵登陆艇（满载淡水、弹药和口粮）在1艘防空机械登陆艇的掩护下，从博斯内克出发。14点00分，在索博埃里阿附近，登陆艇群被日军发现。于是，第2炮兵中队和第2迫击炮中队掉转炮口，对登陆艇群一顿猛轰，使步兵登陆艇群无法靠岸。只有机械登陆艇冒着猛烈的炮火拦阻，强行上岸，卸下了3辆M4"谢尔曼"坦克，但也损失了2艘机械登陆艇。看到日军炮火威力巨大，为了避免更大的物资损失和人员伤亡，美军遂放弃了昼间海运，把第2次运输时间改在了晚上。

虽然海运代价不小，但事实证明这次冒险却是值得的。一上岸，3辆M4"谢尔曼"坦克就沿着海岸逐一扫荡洞穴，摧毁了几个日军地堡，接着，它们向机场北面的梯岭开进，先后摧毁了1门57毫米曲射炮和1门迫击炮，山田兵长在和坦克的对射中阵亡、佐藤一二三兵长负伤。随后，坦克又沿着公路小心翼翼地朝西北推进，在天水山脚又摧毁了2座大型地堡。18点00分，夜幕降临，坦克返回滩头阵地，和第186步兵团会合。

在此期间，第121、第205和第947野战炮兵营也奋战了一天，其中第121野战炮兵营出力最多，一天之内发射炮弹2000多发。取得的战果十分可观。根据美军的估计，至少4成日军火力点和6个炮兵阵地被美军炮兵摧毁。实际上，日军的损失远大于美军的估计。根据日军战史记载，当天在机场周围的日军火炮损失了6成。为了避开美军凶狠而准确的炮火打击，日军被迫黄昏时刻转移了炮兵阵地。

在强大的炮兵群和M4"谢尔曼"坦克的全力支援下，第186步兵团总算是拿下了默克梅机场和索博埃里阿滩头阵地，但也付出了战死14人、负伤68人的沉重代价。入夜后，第186步兵团围绕机场和滩头阵地建立了一条漫长的半环形防线——3营在索博埃里阿西部边缘扎营，负责滩头到机场南部的防务；1营据守索博埃里阿东面；第186步兵团2营和第162步兵团2营在机场北面设防。8日凌晨，美军实施了第2次海运补给，1艘机械登陆艇、

14 艘步兵登陆艇和 8 艘坦克登陆舰满载着补给和淡水又一次送到了索博埃里阿。在充裕的物资和强大的火力支援下，默克梅桥头堡获得了彻底巩固。

另一方面，在埃布迪的第 162 步兵团（欠 2 营，得到第 186 步兵团 A 连加强）也沿着海岸公路展开辅助攻势，配合第 186 步兵团对机场的主攻。6 月 7 日清晨，第 162 步兵团 3 营沿着海岸公路向西朝帕来小道推进时遭到第 222 步兵联队 3 大队一部拼死阻击，进展缓慢。为了加大进攻力度，尽快打通埃布迪到默克梅之间的海岸公路，师长富勒少将立即下令 3 营抽调部分兵力在帕莱码头登陆，然后向东推进，协同正面进攻的 2 营，夹击帕莱小道。接到命令，第 162 步兵团 3 营调整部署，将 I 连和 K 连调出，执行这次两栖迂回重任。

14 点 00 分，第 162 步兵团 I 连和 K 连搭乘 3 辆武装两栖登陆车和 18 辆普通两栖登陆车在猛烈的舰炮火力支援下，于帕莱码头实施登陆。但这次行动一开始就不顺利，头 2 辆战车在浅水区被珊瑚礁卡住，迟滞了整个车队，直到 14 点 20 分第 1 辆水陆两用战车才开上码头。与此同时，东洞窟和默克梅机场东面地带的第 108 野战机场设定队集中火力朝码头猛烈射击，将 I 连和 K 连死死压制在码头。看到进攻受挫，第 162 步兵团团长哈内伊上校决定增援。第 162 步兵团加农炮连和第 603 坦克连 6 辆 M4"谢尔曼"坦克作为第 2 梯队先后在 16 点 10 分和 17 点 30 分登陆。在坦克火力和舰炮火力持续不断的轰击下，I 连和 K 连终于突破了码头地带，但黄昏也已降临，美军只得暂停进攻，就地扎营，等待黎明的到来。

面对美军咄咄逼人的钳形攻势，比阿克支队全军震动！尤其是一直盲目认为美军已是残兵败将的沼田中将更是对美军在攻势中投入的兵力和火力感到极为震惊！于是，急令清晨赶到天水山的小泽大队第 1 梯队（大队本部、6 中队和机枪中队主力）立即进入西洞窟护驾。同时命令全军准备拼死反击，夺回机场，粉碎美军进攻。与此同时，在曼格洛附近的支队本部召开战地会议的葛目大佐正和部下研究进攻细节时，突然听到机场方面传来的隆隆炮声，经验丰富的葛目大佐立即判断美军正猛攻机场，急忙取消总攻，着令 2 大队连半成机场都不要打了，立即返回机场，迎战美军。

与此同时，马诺夸里的第2军司令官丰岛中将也坐不住了。前天还在幻想着怎样快点将美军赶下大海，现在总算认清了事实，反攻已无可能，当务之急是尽快抽调一切可用兵力增援比阿克！6月7日11点00分，丰岛中将又下达了第3道紧急作战令：

势作命甲第112号

第2军命令6月7日11点00分马诺夸里

1. 敌逐次增强比阿克岛，企图夺取该岛。浑部队于X日Y时突入比阿克岛Z点（克里姆湾，X日和Y日待定）。

2. 第35师团长应立即调动在诺埃姆福岛和马诺夸里第221步兵联队2大队所属部队采取舟艇机动尽速赶往比阿克参战，又步兵第229联队2大队（西原大队，大队长西原登一大尉）、在索龙的第222步兵联队9中队（中队长荒赖泰吉中尉）经由马诺夸里向比阿克前进。

3. 第13船舶团长负责上述运输。

接到命令，第35师团各部再次行动起来。第229步兵联队长清水大佐立即命令2大队（大队长西原登一大尉）从马诺夸里出发，经由诺埃姆福，前往增援比阿克。与此同时，联合舰队也发动了第2次浑作战，决心将海上机动第2旅团主力（2400人）一举送往比阿克。

可惜的是，比阿克支队苦候的援军未至，又一大打击即将到来。

→ 精锐丧尽 ←

6月7日夜，综合各方面战报，富勒少将意识到单靠第186步兵团，难以在短期内完全拿下机场并控制周围高地。为了加强进攻力量，他下令第162步兵团1营暂停现有任务，全力协助3营打通帕莱小道，向西和2营会合，然后集中全团兵力会同第186步兵团尽快拿下机场周围高地。为此，1营派C连在黎明前登上帕莱码头，和I连、K连会合，甩掉东面进攻受挫的大部队，直接向默克梅机场推进。

09 点 00 分，C 连、I 连和 K 连在 6 辆 M4 "谢尔曼" 坦克支援下，从帕莱出发向西发起攻击。C 连沿着海岸公路前进，I、K 两连沿着帕莱到默克梅岸边低矮的断崖推进，攻击沿线两侧的梯岭。中午，当他们在一片椰树林歇下来吃午饭时，离默克梅村已不到 500 码——5 月 29 日第 222 步兵联队所属的战车中队正是穿过这片椰树林向美军发起攻击。13 点 30 分，各连刚一恢复进攻，就遭到了来自东洞窟方面日军猛烈的迫击炮火力压制，加上日军在帕莱往西海岸公路上埋下大量地雷（主要由海军 6 英寸炮弹改制），美军寸步难行。14 点 00 分，B 连赶来参战，4 个连全力进攻，才逐次突破了日军防线。

临近默克梅村，东洞窟方面的迫击炮和小村外围日军轻机枪群再次怒吼。战斗中，日军机枪手巧妙地用绳子把自己绑在树干上，用架在树枝上的机枪居高临下疯狂扫射，使美军难以进行有效反制。在持续不断的迫击炮和机枪火力打击下，第 162 步兵团被钉死在默克梅村前方。

与此同时，配属第 186 步兵团的第 162 步兵团 2 营奉命回归建制。08 点 30 分，2 营撤离第 186 步兵团防线，向东运动，准备和本团主力会合，刚走出不到 800 码，也遭到了东洞窟方面猛烈的迫击炮火力压制。尽管第 186 步兵团为了支援 2 营派 G 连向东北挺进，试图清剿东洞窟方面守敌，D 连的 81 毫米迫击炮群也一刻不停地轰击东洞窟方面暴露的日军火力点。尽管如此，日军火力却丝毫没有减弱的迹象。在强大的火力压制下，第 162 步兵团 2 营整整一天无法动弹。至

■ 由于日军的激烈抵抗，美军费劲了九牛二虎之力才终于攻破了机场防线。

黄昏，2 营和团主力仍相隔 1800 码。

面对美军的双钳进攻，方面军参谋长沼田中将决定断然反击，摧毁对机场威胁最大的第 186 步兵团，然后再调过头来吃掉第 162 步兵团。6 月 8 日 02 点 00 分，第 222 步兵联队 2 大队返回机场，沼田中将信心大增。13 点 00 分，沼田中将亲自下令总攻令，着令第 222 步兵联队 2 大队为右翼、海军 2 个中队居中、第 108 野战机场设定队（主要是台湾军夫组成）为左翼，向默克梅机场全面反攻：

辉方委作命甲第 19 号

第 2 方面军命令 6 月 8 日 13 点 00 分西洞窟

1. 机场地带之敌逐次向北面推进，企图和内陆之敌保持联系。又，在默克梅机场北侧敌重炮稍占优势、依旧对西洞窟附近持续射击中。

2. 本夜，方面军计划对该方面之敌发起断然夜袭，准备压迫歼灭默克梅机场方面之敌。

3. 牧野部队至 19 点 00 分必须完成对默克梅机场西方点路线的攻击准备，然后对包括跑道在内的机场以南地区突击，将所在之敌压迫至默克梅海岸附近予以歼灭后，以一部兵力扫荡，主力于天明后返回现阵地。

4. 本日薄暮，佐藤部队出发、沿着东西洞窟联络线向默克梅海岸发起攻击。同时，以一部兵力对默克梅北侧棱线之敌展开攻击，然后确保和南部队（东洞窟的南正则中佐）的联络。

5. 海军部队沿着第一线两部队中间地带向默克梅机场展开攻击。

6. 南部队以主力在总攻发起后攻击退却之敌，协同友军

■ 长谷川中队装备的日本陆军四式75毫米高射炮，其防空和反坦克性能丝毫不亚于著名的德制88毫米高射炮。在比阿克战役中，长谷川高射炮中队凭借着此型火炮支援步兵在寡不敌众、火力薄弱的情况下，仍多次击退美军坦克的进攻，更有甚者，它还在战役爆发前创造了耗弹27发就击落1架P-38的光荣记录。

压迫至默克梅海岸后予以歼灭。

7. 长谷川中队（天水山地区的高射炮中队）准备向沿着海岸撤退之敌猛烈开火，射击时机另行指示。

8. 小泽部队担任预备队、在西洞窟待机。

9. 根据陆海军协定，两军合击必须注意防范误击。

第 2 方面军参谋长：沼田中将。

为了拟订这个计划，沼田中将和重安参谋可谓绞尽脑汁，第 2 大队长牧野贤藏大尉、第 108 野战机场设定队长佐藤周造在接受命令时拍着胸脯要包下这场战斗的胜利。15 点 00 分，第 2 大队（大队本部、第 6 和第 7 中队主力、第 2 作业队以及杉江工兵小队）、第 108 野战机场设定队和海军第 19 警备队从天水山出发，20 点 00 分抵达攻击出发阵地，做好了反攻准备。

为了支援这次反攻，第 2 炮兵中队和第 2 迫击炮中队奉命以残存迫击炮和山炮轰击美军阵地。从 19 点 00 分开始，日军先用迫击炮和山炮轰击海岸公路北面的第 186 步兵团 3 营阵地。半小时后，转移火力，轰击 1 营阵地，作为对总攻的炮火支援。

21 点 00 分，当迫击炮火开始向东延伸之际，日军突然发动了全面进攻。在右翼，第 222 步兵联队 2 大队主力在大队长牧野贤藏大尉带领下，向 3 营阵地发动第一次进攻。一开始，美军隐蔽等待，没有开火，当日军冲到前 50 米时，再集中各型轻、重机枪和自动步枪进行集火射击，突如其来的猛烈的火力当场将日军第 1 梯队全部扫倒。这时，美军的迫击炮群也对阵地前沿进行炮火拦阻，封锁了第 2 梯队的跟进。一连 6 个小时，2 大队连续发动 3 次冲锋，均被击退。

04 点 00 分，牧野大队孤注一掷、发动最后一次冲锋，却遭到更为猛烈的火力拦阻，美军 60、81 毫米迫击炮群和轻重机枪群编织了一道几乎连蚂蚁也无法钻过的火力网，除了 6 中队的小安小队不顾重大伤亡持续冲过美军阵地，打到东洞窟外，包括牧野贤藏大尉在内的多名官兵中弹倒地，第 4 次进攻再次失败。眼看突破无望，大队长副官清水中尉（轻伤）只得下令第 2 作业队井上兵长以下 21 人抬着包括牧野大队长在内的重伤员在迫击炮火力掩护下，和美军脱离接触，向西洞窟撤退。08点00分，2大队残兵撤进西洞窟，绝大部分身负重伤。在进洞的那一刻，牧野大队长断气身亡。

激战一夜，第222步兵联队2大队共阵亡42人，重伤者近200人。与此同时，第108野战机场设定队和海军两个中队的进攻也被美军轻松瓦解。为了粉碎这次进攻，186步兵团也付出了不小的代价，计阵亡13人、负伤38人，其中3营阵亡8人、负伤20人。不过，这些损失都是值得的，经过这次打击，第222步兵联队丧失了有效战斗力（1、2大队残废，3大队困守埃布迪口袋阵），唯一能靠的就只有小泽大队第一梯队了。

福无双至，祸不单行。就在比阿克支队反攻失败的当夜，第2次浑作战再次无果而终。自6月8日03点00分，从索龙出发后，厄运就一直罩着浑部队。先是"春雨"号驱逐舰在航行途中被B-25采取跳弹轰炸击沉，后又在比阿克远海遭到美军舰队拦截，3艘驱逐舰负伤，浑部队指挥官左近允少将被迫中断作战，率军返航。

大反攻和第2次浑作战连续失败，而美军的进攻却一刻不停，比阿克支队开始陷入绝境。虽然损失惨重，但毕竟是百足之虫，死而不僵，美军要想取得全面胜利，还得继续努力。

⇥ 鏖战天水山 ⇤

6月9日，第186步兵团虽然粉碎了第222步兵联队2大队的反攻，但阵地也陷入了不小的混乱，只得重组各部。除了B连奉命侦察天水山外，全团就地休整一天。由于炮火支援有限，B连的侦察行动遭到小泽大队第1梯队和海军部队的顽强阻击，无功返回。

同一天，第162步兵团1营和3营继续朝机场推进。面对逐渐接近机场的美军，第108野战机场设定队在东洞窟方面的迫击炮火力支援下继续拼命阻击，美军进展缓慢。为了加大突破力度，第205野战炮兵营奉命放弃当天其他任务，全力轰击东洞窟，支援162步兵团进攻。在强大的压制炮火支援下，162 步兵团在正午时刻终于取得了突破性进展，担任突前尖兵的 C 连首先和 2 营巡逻队于默克梅村以西 500 码取得联系，机场在望！

日军方面，昨夜 2 大队夜袭惨败后，第 222 步兵联队战斗力几乎丧失殆尽。无奈之下，葛目大佐只得放弃了所有反击计划，带着支队本部和第 1 作业队撤回西洞窟。现在，机场西北的西洞窟和天水山的防御重任就完全压在了小泽大队的肩上。但仅凭这点兵力，充其量只能抵挡美军的进攻，根本无法扭转战局。为此，比阿克支队拼命向外界呼叫求援。

眼看比阿克支队即将完蛋，为了扭转战局，并引诱美国海军航母特混舰队至比阿克附近海域决战，联合舰队决定派遣第 1 战队（"大和"号和"武藏"号 2 艘超级战列舰）实施第 3 次浑作战，无论如何也要把海上机动第 2 旅团送上比阿克，这是日军唯一的希望。不幸的是，这个希望很快也泯灭了。

6 月 10 日，第 162 步兵团 3 营继续朝机场东部推进。经过一天奋战，3 营冲破第 108 野战机场设定队的阻击，于 17 点 00 分，和 2 营在机场东面会师，第 162 步兵团终于进入了默克梅机场。

与此同时，第 186 步兵团恢复进攻。C 连和 E 连在强大的炮火支援下，对天水山再次发动进攻，遭到第 222 步兵联队 3 中队和小泽大队第 1 梯队的顽强抵抗。不久，昨夜登上比阿克回归建制的引地中队也赶来参战。在日军顽强阻击下，美军寸步难行。至 10 点 30 分，竟然完全被日军火力压制！虽然，美军 60 毫米迫击炮在一线观察员的指引下准确打掉了众多迫击炮和狙击火力点，但日军仍从隐蔽的洞穴巧妙组织机枪火力继续压制。随后，美军调来第 603 坦克连支援，结果又遭到长谷川高射炮中队的准确射击，2 辆 M4 中弹，前进受阻。战至正午，186 团毫无进展，纽曼上校只得叫停了进攻，命令所部撤回出发阵地。

现在，比阿克战役已经进入了关键时刻，双方都在承受着巨大的重压。美军方面，随着马里亚纳战役（6 月 15 日）发起日的临近，麦帅对比阿克战役迟迟没有进展的局面越来越不耐烦。在麦帅的压力下，"飓风"特遣部队司令兼第 41 步兵师师长富勒少将拟订了新的进攻计划，决定以第 186 步兵团和第 162 步兵团同时展开攻击，第 1 目标为前方 1350 码，拿下默克梅机场跑道西端；第2目标线再往前推进1000码，占领博洛库埃村；第3目标线是往内陆推进2000码，占领博洛库埃机场。炮火支援方面，第121野战炮兵营和第205野战炮兵营照例分别为第186步兵团和第162步兵团提供支援，第947野战炮兵营担任全般支援。总攻时刻定为6月11日09点30分。

日军方面，虽然打了一场漂亮的防御战，但连狂妄自大的方面军参谋长沼田中将都已意识到，比阿克支队的覆灭只是时间问题。当天，比阿克支队在西洞窟召开紧急战地会议，方面军参谋长沼田中将、海军第28根据地队司令官千田少将、比阿克支队长葛目大佐和各主要部队长（除第222步兵联队3大队长须藤大尉）全部参加。为了防止美军在会议进行期间，直扑西洞窟，沼田中将命令将残存的所有反坦克地雷埋在西洞窟口，一旦危急状况出现，即引爆地雷，和美军同归于尽。会上，比阿克支队长葛目大佐建议："放弃西洞窟，占领后方阵地，再伺机转移攻势，夺回机场，现在淡水问题的解决至关重要。"，但这个意见遭到了千田少将和沼田中将的强烈反对。从来都是一个鼻孔出气的两将否决了葛目大佐的建议，下令死守西洞窟，必要时美军同归于尽，尤其是方面军参谋长沼田中将更是摆出一副宁死不退的架势，这可把在座的各位将佐给吓坏了。葛目和千田马上过来劝阻，随行的方面军参谋重安大佐也以公职为重、不应轻生为由

■ 沼田参谋长在败象尽露、众人苦劝的情况下，乘二式大艇离开了比阿克。虽说他勇气可嘉，但在战役初期盲目自信、视美军如无物，一味坚持自己错误主张，间接断送了整个战局，也将比阿克支队推进了深渊。图为接走沼田参谋长的二式大艇。

■ 在步兵苦战的同时，美军工兵部队也开进默克梅机场，展开扩建作业。图为装备齐全的美军工兵部队。

苦口婆心相劝，好说歹说，总算是说动了沼田。于是，会议还做出了另一个决定，沼田中将和重安大佐立即离开比阿克。23 点 30 分，沼田中将在众将领的目送下，把指挥权交和绝望的形势一同交给了葛目支队长，在克里姆湾乘坐 1 架二式大艇，永远地离开了比阿克。

6 月 11 日，第 41 步兵师按富勒的计划，调整部署发动了新的进攻。

08 点 30 分，第 186 步兵团和第 162 步兵团同时开始向进攻出发线推进。左翼，负责助攻的第 186 步兵团轻松抵达出发线，但右翼的第 162 步兵团就没那么好的运气了。

第 162 步兵团 2 营和 3 营向出发线推进过程中，遭到密集的迫击炮和机枪火力阻击，走走停停，直到 13 点 30 分 2 营才跌跌撞撞地赶到进攻出发线并发起攻击，17 点 20 分，2 营抵达了第一目标线。最糟糕的是 3 营，他们在一整天都陷入苦战。为了抵达进攻出发线，3 营须要拿下天水山主峰，然后再向西才能抵达出发线。然而，第 222 步兵联队 1、2 大队残部以 5 中队为核心，在 2 大队长新任大队长引地一男中尉（原 5 中队长）带领下，把天水山建成了一个巨大的堡垒。结果，3 营在前进过程中发现前方碉堡、据点林立，即使在第 947 野战炮兵营的全力支援下，仍举步维艰，直到黄昏也没能赶到出发线，成了当天唯一一支没能发动进攻的美军部队。

相比之下到 186 步兵团却幸运得多。13 点 45 分，第 186 步兵团 2 营和 3 营越过出发线，展开攻击。沿着海岸公路推进的 3 营没有遇到太大抵抗，就于 15 点 30 分抵达第 1 目标线。沿山地进军的 2 营最初也没有遇到什么抵抗，但逼近天水山时，立即遭到 1 大队残部的猛烈阻击，到 16 点 20 分都没能取得进展，只得就地转入防御。在步兵展开攻击的同时，第 186 步兵团加农炮连、勤务连、第 863 航空工程营也开始抓紧时间抢修默克梅机场。

黄昏时刻，第 162 步兵团和第 186 步兵团完全停止进攻，开始掘壕固守。但天水山周围大多是坚固的珊瑚地质，土工作业费力耗时。根据一线官兵的报告，没有 2、3 个小时，根本挖不出一个足够深的立式散兵坑。为了解决这个问题，第 186 步兵团长纽曼上校向师部申请每天进攻停止时间不得超过 15 点 00 分，使各部能有足够的时间挖掘战壕和派出巡逻队进行薄暮巡逻，师长富勒少将照准所请。

当晚，小泽大队第 2 梯队、第 3 梯队再次从诺埃姆福岛出发，西原大

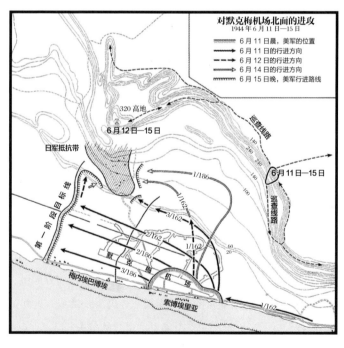

■ 对默克梅
机场周围地带
的进攻。

队随即跟进。第3次浑作战也进入了倒计时，但这些都只是短暂的兴奋而已。日本人的拖拉和犹豫，终将断送比阿克。

6月12日，第186步兵团和第162步兵团2营奉命暂停进攻，等待3营拉平战线，以及第163步兵团3营封闭两团之间的缺口。于是，12日的战斗就变成了第162步兵团3营和第163步兵团3营的独角戏。

09点00分，第162步兵团3营以L连迂回天水山北坡为牵制，营主力继续从正面向天水山主峰发起攻击。但5中队的抵抗依旧顽强。09点40分，3营被迫停止进攻，自出发线后撤300码，然后集中M连（重武器连）81毫米迫击炮群对穿越天水山预定出发线上的日军据点群进行猛烈炮击。

10点35分，3营恢复进攻。这次，美军决心齐头并进，在宽广的正面强行突破：L连为右翼，进攻天水山北面的梯岭；I连居中，正攻天水山主峰；K连为左翼，沿着南坡山谷地推进。

最初，K连受到的抵抗比较微弱，11点00分即前进了200码，随后暂停进攻，等待2个连的跟上。右翼进攻的L连运气也很好，他们在仅遇零星日军散兵抵抗的情况下，就于12点30分摧毁了部分在北面阻挡K连前进的日军据点。接着，L连小心翼翼地朝西南和南面推进，找寻I连正面守敌的两翼和后方。

运气最背的就是负责正攻的I连。进攻发起后，他们曾一度对己方迫击炮火力摧毁大量前方日军据点感到很兴奋。但很快，他们就被泼了盆冷水，在轰击区西面竟又出现了大片新的日军据点群。从11点00分到11点30分，I连连续突破5中队两道防线，刚走出不到50码，又撞上了日军第三道防线。而且，在第三道防线背后不远，又是第四道防线！在日军持续不断的抵抗下，I连泄气了，攻势在午后逐渐陷入了僵局。

与此同时，第163步兵团L连夺取了天水山西北侧制高点——320高地，并在那里建立了一个观察哨。15点30分，观察哨发现了埋伏在天水山西侧的长谷川高射炮中队阵地！为了避免再遭敌炮击，第162步兵团长哈内伊上校命令3营尤其是I连暂停进攻，从主峰地带撤回反斜面。

接着，第205野战炮兵营和第162步兵团所属的3个重武器连的迫击

184

炮群对长谷川高射炮中队阵地进行了3轮急速射。好在长谷川中队转移得快，避免了无谓损失，仅1门高射炮被毁。

15点00分，第162步兵团3营在炮兵的掩护下，再度回到天水山主峰地带。战至黄昏，3营已经全部打到主峰地带，尽管5中队还在顽抗，但突破天水山只是时间问题。

另一方面，虽然2营奉命停止进攻，但仍派F连向北朝天水山巡逻，试图和3营取得联系。黄昏时刻，F连穿过第一目标线，在天水山附近扎营过夜。截至12日20点00分，第162步兵团2营和3营之间仍有大约900码的缺口，不少日军据点仍残留于此。不肃清这股残敌，美军的进攻就始终存在着隐患。因此，第162步兵团在13日的任务就是封闭缺口，第186步兵团继续就地固守，等待162步兵团跟上。

眼看美军离西洞窟越来越近，周围水源除了仅存的1个外，已全部落入美军之手，饥渴伤病已超过美军，成了比阿克支队的大敌。为了减少西洞窟的负担，葛目大佐不顾千田少将的反对，下令洞窟内重伤员自裁，海军第202设营队和没有战斗力的勤务人员约700人先行撤离西洞窟，向北部山区转移，同时命令全体作战部队务必死守西洞窟和天水山，准备美军同归于尽。

当天，比阿克支队再获增援。小泽大队第3梯队（7中队）历尽艰辛，终于在22点00分登上了比阿克。第2梯队也已经上路，西原大队主力更

■ 随着尼米兹率领太平洋舰队从中太平洋方向打响进攻马里亚纳群岛的战火，疲于奔命的联合舰队只得放弃了增援比阿克岛的浑作战，自此该岛的陷落便已成定局。

是从遥远的马诺夸里出发，准备经由诺埃姆福岛，增援比阿克。此外，第1战队（"大和"号和"武藏"号两艘超级战列舰）也从塔威塔威风尘仆仆地赶到巴占岛。在"大和"号司令室，第3次浑作战部队指挥官兼第1战队司令官宇垣缠少将主持召开了作战会议，决定立即实施第3次浑作战，海上机动第2旅团的突入日期为6月14日夜。

天有不测风云。就在宇垣少将自信满满地准备展开第3次浑作战的时候，却突然传来了美军对马里亚纳群岛进行猛烈炮击和轰炸的消息！随着马里亚纳方面吃紧，联合舰队下达了"阿"号决战准备令，着令小泽治三郎中将率领第1机动舰队准备开赴马里亚纳群岛西部的菲律宾海，和美军第5舰队决战。这道命令也随着电波一同传到了"大和"号的司令室。权衡利弊，宇垣决定放弃对比阿克的救援，率第1战队火速北上，追赶第1机动舰队，参加马里亚纳海战。于是，万众瞩目的第3次浑作战还没有实施就草草结束。更为不幸的是，西原大队在航行途中多艘大发出现故障，被迫折回马诺夸里。

这样，在6月13日到14日两天中，比阿克支队没有获得任何增援，而美军的套索却越绞越紧。

6月13日07点30分，第162步兵团仍继续着对天水山的进攻。右翼的L连沿着天水山朝东西两面推进，准备和左翼的2营主力，以及居中的3营I连取得联系。经过2天苦战，5中队伤亡过半，阵地也丢失了三分之二。为了夺回部分失守阵地，恢复有利的防御态势，2大队长引地一男中尉命令5中队向L连和I连全力反击，但被美军轻松瓦解，关口少尉以下3人战死，天水山快要守不住了。

13点00分，粉碎小股日军的抵抗后，L连和I连顺利会师。在此期间，K连也扫荡了出发线附近的日军残部，并派1个排向西运动，协助I连作战。正午时刻，第162步兵团1营也赶到战场，奉命掩护团右翼和后方。虽然1营的赶来，解除了3营的后顾之忧，但3营在当天的进展仍十分有限，和2营之间宽达900~1000码的缺口并未合拢，隐患犹存。

与此同时，第186步兵团的作战行动仍以威力巡逻为主，他们在等待162

步兵团拉平战线。闲得慌的 186 团甚至还派出部分官兵，协助工兵修理机场。6 月 12 日 10 点 30 分，工兵开始修理机场。根据工兵的估计，到 13 日午前机场已可供战斗机起降。但 13 日的工作却遭到日军榴弹炮和迫击炮火力袭扰，这些火炮都埋伏在第 162 步兵团 2 营和 3 营战线之间山岭。尽管受到这些干扰，至 6 月 13 日黄昏，机场东端约 2300 英尺跑道修复完毕，战斗机起降已毫无问题。大部分机场跑道上的残骸已被清理干净、弹坑也填补完毕。

6 月 13 日 10 点 00 分，美军 1 架炮兵联络机在默克梅机场降落，成了盟军在比阿克降落的第 1 架飞机。尽管跑道已经适合起降，但在周围高地之敌被彻底肃清前，第 5 航空军战轰机群仍无法安全进驻。换而言之，比阿克支队虽濒临覆灭，但临时前的困兽之斗，也够美国人喝一壶的了。

⇀ 最后的反击 ↼

面对久攻不下的局面，美军的畏难情绪剧增。为了鼓舞士气，副师长杜埃准将亲临一线。返回师部后，他向富勒少将提出了自己的看法，他认为第 162 步兵团 3 营伤亡惨重、已丧失有效战斗力，建议将其撤出一线，改由第 162 步兵团 1 营和第 186 步兵团 1 营绕到第 162 步兵团 3 营右翼，对天水山上方的梯岭发动进攻。根据当地土著的报告，日军正集中兵力把守最后一个水源，在第 162 步兵团 L 连（天水山）和第 163 步兵团 L 连（320 高地北面）之间半途中有一个日军洞穴群（即西洞窟）。虽然土著没有标出西洞窟具体位置所在，但水源的存在和周围众多的日军据点，使杜埃准将判断这里很可能就是比阿克支队司令部所在地。只要集中兵力打掉这个洞穴群，摧毁日军指挥中枢，日军士气必然瓦解，天水山得手就只是弹指间的事。杜埃准将的计划是以第 162 步兵团 1 营往北穿过 3 营背后山道，抵达天水山北 500 码的梯岭时，再转向朝西面和西南发起攻击。同时，第 186 步兵团 1 营也穿过默克梅机场东面往北山道，做一个大迂回运动，从第 162 步兵团 1 营右翼向西展开攻击。经过简单讨论，富勒少将批准了杜埃准将的意见，新的进攻将在 6 月 14 日打响，目标——西洞窟。

6 月 14 日 06 点 00 分，第 162 步兵团 1 营正式发起攻击。B 连从 3 营战线东面 800 码的天水山脚下出发，一开始竟然遭到 15 名日军的反击。激战 10 分钟，击毙 9 名日军。这次步兵反击后，日军又动用高射炮、机枪、迫击炮猛轰击 B 连，将美军压制在天水山南坡。直到 11 点 00 分，B 连才在炮火支援下站稳脚跟。刚要出发，随行的炮兵前进观察员又报告发现一股日军正向 3 营北面的梯岭运动，B 连只得再度暂停前进步伐，给第 205 野战炮兵营急速射赢得空间。3 轮急速射后，B 连接到的命令还是原地待命，等待第 186 步兵团 1 营跟上。

与此同时，第 186 步兵团 1 营的进攻也不顺利。08 点 00 分，1 营以 C 连为先锋，穿越第 162 步兵团 1 营战线以东 500 码的天水山一线，向东北沿着一条通往主山岭的崎岖小道朝梯岭攻击前进。09 点 30 分，C 连在天水山以北约 800 码的山道上开始遭到日军抵抗，击毙了 2 名日军后，于 10 点 30 分恢复进击。接着，当 1 营开始左转时，C 连又突然遭到山道东面高约 100 码断崖上埋伏的日军阻击，前进受阻。为了打掉日军火力点，跟进的 A 连组织突击队，从断崖侧面陡峭地段爬上，用手榴弹和炸药出其不意地从背后突袭，这才打掉了日军的火力点。

至 13 点 00 分，1 营前进距离不到 400 码，途中一再遭到埋伏于险要地段的日军阻击，虽然这些抵抗通常在半小时内即被瓦解，但却极大的迟滞了美军的进击速度。14 点 30 分，C 连再向西推进 800 码，终于和南面的第 162 步兵团 B 连拉平了战线。现在，两个 1 营开始并肩攻击。

15 点 00 分，第 162 步兵团 1 营恢复进攻，但仍遭到正面和右翼守敌的顽强阻击，直到 17 点 35 分才和第 186 步兵团 1 营战线取得衔接。黄昏已至，第 162 步兵团 1 营只得停止进攻，在西洞窟东北掘壕固守（天水山以北约 250 码）；第 186 步兵团 1 营则在第 162 步兵团 1 营右侧后 50~75 码扎营。经过一天的激战，美军虽然没有打到预定目标，但距西洞窟仅不到 400 码，已对比阿克支队司令部构成了严重的威胁。

尽管美军兵临城下，但葛目大佐出于西洞窟在比阿克全局作战的重要

■ 依靠巴祖卡火箭筒和炮兵的全力支援，美军粉碎了比阿克支队最后的反击，图为手持巴祖卡火箭筒的美军火箭筒手。

性，仍决心死守！从 6 月 14 日 19 点 30 分起，他派出多个分队袭扰美军，试图把美军引往南面和东面。在一次步坦联合反击中，日军甚至啃下了第 162 步兵团 1 营环形防线西北端的 B 连阵地。得手后，日军转移矛头，又对第 186 步兵团 1 营展开攻击。午夜时刻，小股日军从西面进入 186 团 1 营环形防线，沿着公路对 1 营各连阵地进行了一整夜的袭扰。虽然日军的袭扰仅仅是让美军吓一跳，并没有动摇整体防线，但这只是个开始。随着 6 月 15 日黎明的到来，比阿克支队开始了最后的反击！

对于太平洋战争而言，1944 年 6 月 15 日是个永远难忘的日子。这天，美军向"太平洋防波堤"塞班岛正式发起总攻，日本帝国的末日临近了。但对于比阿克奋战的美军而言，6 月 15 日却是痛苦的回忆，这天比阿克支队倾尽余力，向逼近西洞窟的美军发动了潮水般的进攻。

07点30分，小泽大队2个中队和岩佐战车中队剩余的3辆95轻型坦克，从西洞窟周围阵地跃出，沿着320高地西坡，向美军发动了第一波决死反击。日军的进攻分成2路，一路由1个步兵中队伴随，2辆95轻型坦克沿着西洞窟北面公路向第186步兵团1营发起攻击。在250码距离上，95轻用37毫米主炮朝美军猛烈开火，支援步兵冲锋。一开始，美军被打了个措手不及。但很快就回过神来，1营直属反坦克排在仓促间用12.7毫米机枪猛烈扫射，侥幸击毁了1辆95轻型坦克！与此同时，第121野战炮兵营也放弃当天任务，集中火力支援1营战斗，全天共发射炮弹约600发，有效地压制了支援突击的日军机枪火力点，配合步兵击退了这一路日军的进攻。另一路是第3辆95轻型坦克也在1个步兵中队的伴随下，突击第162步兵团B连阵地，试图切断第186步兵团1营和第162步兵团1营的联系。由于没有巴祖卡，95轻坦克如入无人之境地冲进B连阵地，用37主炮和机枪肆意攻击视线内一切移动目标，给B连造成了巨大的伤亡。尽管拿坦克没辙，但B连还是组织机枪火力将伴随步兵死死地阻击在阵前，完全分割了日军的步坦协同。没有步兵的支援，95轻坦克肆虐一阵后，只能悻悻撤退。

14点00分，2辆95坦克又在第108野战机场设定队约50名官兵的伴随支援下，由队长佐藤周造少佐亲自指挥，向第186步兵团1营发动了第2次进攻，路线仍和早晨相同。但第186步兵团1营，尤其是刚顶上来的C连火箭筒手们早早就扛着巴祖卡严阵以待。结果，这次进攻成了比阿克支队反击的绝唱。

在1营轻重机枪群的飞速扫射下，伴随步兵像割麦穗般的全部倒下，包括队长佐藤周造少佐在内，参战步兵几乎全部战死。分割步坦协同后，美军火箭筒手大显神威，一顿猛轰，彻底摧毁了2辆95轻型坦克。14点20分，血战了大半天的第186步兵团1营终于粉碎了比阿克支队在当天发动的第2次、也是整个战役中的最后一次进攻。

趁着日军反攻的间隙，第162步兵团全力出击，试图合拢和186步兵团1营间的缺口，但天水山和西洞窟方面的日军迫击炮和机枪火力却仍猛烈而准确，全团奋战一天，两团之间缺口仍有500码之多。

当天，马里亚纳战役正式打响，可第5航空军仍然没能从比阿克出击，兑现麦帅关于支援尼米兹作战的承诺。这一切，让极好面子的麦帅忍无可忍，遂做出了换人的决定。

↦ 埃克尔伯格来了！ ↤

早在5月29日，第162步兵团第一次进攻默克梅机场以失败告终后，克鲁格中将就开始对第41步兵师，尤其是师长富勒少将的表现感到十分失望。不过，他认为这次战斗的失利主要是162团在进攻之初没能组织起充分的侦察和兵力不足而导致的，只要163步兵团到达，那么一切问题就可迎刃而解。然而，事与愿违，163步兵团准时赶到比阿克，但第41步兵师却始终没有拿下哪怕1个机场。6月5日，在第163步兵团抵达比阿克的第6天，麦帅开始就比阿克的作战进度质问克鲁格，并询问何时能占领机场。如果不能尽快占领机场，那么他自会另请高明。

面对麦帅的责问，克鲁格心里显然不是滋味。于是，他向富勒施压，要求他必须组织兵力，尽快攻下机场。同时，他派遣1名参谋上岛以视察的名义，就第41步兵师的表现做一次秘密调查。

6月6日，这名参谋登上比阿克，"参观"了一周后，返回司令部，亲自向克鲁格中将汇报。在报告中，他指出"飓风"特遣部队拟订的作战计划是好的，但执行力度太差，甚至营连一级执行起来都打折扣。负责肃清埃布迪口袋和帕莱小道的美军部队一再声称任务艰巨而迟迟未能完成。这名观察员提交的报告同时还指出，战前侦察不利，对日军兵力规模和主要防御地带知之甚少！而且第41步兵师师长富勒少将对副师长杜埃准将几乎是置之不理，对战斗全貌也甚至都没有一个清楚的认识。

尽管对41师作战有如此多的非议，但第186步兵团在6月7日夺取机场一角，却使克鲁格又燃起了迅速夺取机场群的希望。然而，无情的现实再次击碎了他的美梦。6月10日，据富勒少将沮丧地报告，日军在默克梅机场北面天水山进行了极为顽强抵抗，四周高地未能拿下，机场无法修复、更谈不上使用。眼看马里亚纳作战日子一天天临近，克鲁格的催促令也一天紧似一天。尽管如此，捷报却始终没有传来。更有甚者，第41步兵师长富勒少将居然在6月13日致电克鲁格，称第41步兵师实在太疲劳、日军增援部队正向比阿克靠拢，电请再增派1个团，否则打开战局无异于痴人说梦。虽然克鲁格中将从内心里同情富勒，但无情的现实却不容他徇私情。在麦帅日复一日的压力下，他自己都快撑不住了，再拿不下比阿克，估计麦帅就要勒令他提前退役！在这种情况下，他对富勒完全失去了耐心。在回电中，他答应了增兵的请求，下令第24步兵师所属的34团开赴比阿克（6月18日抵达），但同时也解除了富勒少将"飓风"特遣部队司令的职务，转而命令有着善打硬仗、恶仗美誉的美国陆军第1军军长罗伯特.埃克尔伯格中将接替指挥。

6月15日早晨，埃克尔伯格抵达比阿克，12点30分正式接过"飓风"特遣部队司令一职。虽然满肚子怨气，但富勒少将还是在博斯内克和埃克尔伯格进行了权力交接。卸任后的富勒少将索性一股脑地把这次作战的牢骚全抖了出来。在给克鲁格的信中，他要求解除他师长职务，把他分配到别的战场，只要离开比阿克这个鬼地方，去哪都行，他实在是待不下去了。

实际上，埃克尔伯格的到来，令富勒处在一个极为尴尬的地位。他俩是西点军校的同班同学，又是长期的知音。作为老同学和好朋友，埃克尔伯格并不想让富勒为难。于是，他极力劝说他改变心意，继续担任师长一职。但富

■ 美军名将埃克尔伯格。

勒不为所动，甚至通过电台直接向克鲁格请辞。由于担心埃克尔伯格受到掣肘，克鲁格中将别无选择，只有同意了富勒的辞职。上报战区司令部时，麦帅也毫不犹豫地批准了。6月18日，富勒少将离开了比阿克。随后，杜埃准将接过了第41步兵师指挥棒。

不知道是不是上天的嘲讽。在富勒离开比阿克的同一天，美军完全占领了默克梅机场。虽然富勒明白，可以轻松占领这两个机场并没有什么太大的问题，但他认为当时最重要的仍是打通内陆到机场的补给线和肃清天水山、西洞窟以确保使机场能早日投入使用，而不是快速占领所有机场。实际上，在6月14日，美军离完全攻克天水山和西洞窟已为时不远。即使是埃克尔伯格中将上任后，仍是采用前任富勒少将的作战计划，继续动用第162步兵团和第186步兵团并肩攻击，首先拿下天水山和西洞窟，确保默克梅机场的安全，然后再攻下其他机场。可惜，历史没有给富勒机会，克鲁格中将没有这个耐心，麦帅更不会有这份大度。于是，比阿克的荣誉注定要落到埃克尔伯格这位福将之手。

⟶ 西洞窟 ⟵

6月15日下午，随着比阿克支队的反击失败，西洞窟和天水山守敌已是奄奄一息。对此，洞若观火的第41步兵师新任师长杜埃准将决定让第162步兵团2营和3营休整，调上生力军——第186步兵团2营，封闭上述两营之间的缺口，准备继续进攻。

日军方面，小泽大队第2、第3梯队经过艰难航渡，终于在当晚全部赶到比阿克。但比阿克大势已去，他们的到来只不过是飞蛾扑火，毫无意义。

6月16日07点00分，第186步兵团2营从集结地出发，赶赴一线。08点15分，他们替下了第162步兵团2营。09点00分，2营开始沿天水山向东发起攻击。担任突击先锋的E连以2排为左翼、沿着山岭正面推进，3排为右翼、在北面100码的平原平行推进，1排为第2梯队、在3排侧后跟进。

进攻发起后不久，左翼的 2 排首先遭到了日军顽强抵抗，前进受阻。看到左翼阻力较大，2 营遂改变战术，以 2 排继续进攻，吸引敌火力，同时派 G 连 1 排从 E 连右翼沿着天水山南坡迂回。绕过日军防线后，G 连 1 排突然从背后向 2 排正面的日军阵地展开攻击。在巴祖卡火箭筒手的支援下，他们摧毁了大量的日军战壕、掩体、地堡，并打掉几个机枪火力点。10 点 50 分，2 营抵达第 162 步兵团 3 营阵地，仅用不到两个小时就封闭了第 162 步兵团 2、3 营之间宽约 500 码的缺口。

相对天水山正面较为顺利的战斗，北坡的战斗就没那么顺利了。E 连 3 排向东刚前进 500 码，就遭到来自西洞窟北面丛林和高地间埋伏的日军猛烈火力拦阻，被压制了两小时之久。为了协助 3 排前进，1 排奉命绕到其左翼攻击，同样遭到压制。随后，G 连 2 排赶来，试图迂回攻击 1 排和 3 排东北和北面之敌。但这个机动也没有取得太大成果，至 11 点 15 分所有的进攻都被日军火力钉死。为了打破僵局，2 营长命令集中 G 连 1 排、2 排和 E 连 1 排和 3 排等 4 个排的兵力同时对西洞窟北面、第 162 步兵团 1 营战线东北地带展开攻击。进攻前，第 121 野战炮兵营奉命摧毁周围暴露的日军迫击炮和机枪火力点，攻击时刻定为 12 点 00 分。

正午时刻，参战各排准时发起攻击。负责夺取西洞窟周围高地的 G 连 3 排仅用不到 2 个小时就穿过机场公路、翻越天水山，他们抵达目标时，终于遭到日军的阻击，进攻受挫。在 3 排右翼，G 连 2 排也穿越了公路。当他们推进至西洞窟西北角时，也被日军火力钉死，在南面 150 码进攻的 E 连 1 排遭遇的情况也大同小异。

只有沿天水山北坡推进的 E 连 3 排在仅遇微弱抵抗的情况下，顺利穿过了西洞窟南面，于 14 点 00 分和第 162 步兵团 3 营取得联系，顺利地完成了任务。

14 点 00 分，E 连 1 排和 G 连 2 排向当面日军阵地再次发起攻击，终于粉碎了日军抵抗，完全占领了 162 团 1 营和 186 团 1 营打了两天都没能拿下的西洞窟西面据点群，使美军终于获得了一个直接向西洞窟发动进攻的跳板。接到报告，团长纽曼上校喜出过望，立即命令两排就地固守，等待 2

营主力跟上。但师长杜埃准将却认为这么做实在太冒险，日军随时可能从两翼反击，包夹两排。为了防止日军反击，杜埃准将于 14 点 20 分下令上述 4 个排撤回天水山；同时第 162 步兵团 2 营接过第 186 步兵团 2 营占领地带，让 186 团 2 营撤回出发阵地，继续担任师直属预备队。

■ 太平洋战争中，由于日军十分擅长利用洞穴作为工事和掩体，美军也只好逐个清理。

回顾一天的战斗，杜埃准将感到十分满意，虽然好不容易拿下的进攻跳板又还给了日军，但完全封闭了天水山到西洞窟西面的第 162 步兵团 2 营和 3 营防线间的缺口，盘踞在此的 5 中队遭到了毁灭性的打击。据美军报告，当天至少击毙 65 名日军。为了取得这个战绩，186 团 2 营也付出了不菲的代价：阵亡 15 人、负伤 35 人。

赢得这次胜利后，杜埃准将又准备派第 186 步兵团 1 营朝西北推进、彻底夺取西洞窟周围高地群。同时，第 162 步兵团 1 营向西洞窟南面和西南推进。这次进攻，美军出动 10 辆 M4"谢尔曼"坦克、2 个野战炮兵营和 1 个 4.2 英寸迫击炮连提供支援。

6 月 17 日清晨，第 186 步兵团 1 营为了不和第 162 步兵团 1 营进攻重叠，选择绕道攻击——从集结地出发后先是向东然后转向北面、从东北向西洞窟周围高地群发起攻击。第 162 步兵团 1 营则在第 603 坦克连 1 排的支援下，于 09 点 45 分以 A 连为先锋、B 连在右侧后跟进，向西展开攻击。

10 点 45 分，162 团 A 连和 B 连突然遭到第 186 步兵团 1 营当面之敌阻击，前进受阻。于是，C 连向北展开迂回运动，突袭侧翼之敌。最初，他们顺利摧毁了几个暗堡。11 点 40 分，C 连试图继续前进时，却被猛烈的机枪火力钉死。好在 M4"谢尔曼"坦克及时赶到，用主炮摧毁了 1 门步兵炮和 2 挺轻机枪，才使 C 连恢复了进攻。在 C 连的猛攻下，侧翼威胁终告解除，于是 A 连和 B 连继续从东面向高地推进，13 点 30 分 A 连和 C 连胜利会师。随后，C 连转向南，肃清了反斜面残敌，彻底控制了高地群。

与此同时，A 连和 B 连，继续向西攻击，但很快遭到 C 连阵地西南的日军机枪和步枪火力阻击，这些地带曾在昨天被第 186 步兵团 G 连扫荡过，但美军刚走，日军就趁着夜色再度夺回。看到 A、B 两连表现不佳，能者多劳的 C 连立刻被招回，奉命重新夺回这些被渗透的阵地。但直到黄昏，C 连也没能取得进展。尽管如此，1 营经过一天的奋战，总算拿下了俯瞰西洞窟的高地群，进一步压缩了比阿克支队阵地，为最后的总攻打好了基础。当晚，师长杜埃准将决心一鼓作气，以第 162 步兵团扫荡西洞窟，186 步兵团占领 320 高地西侧南北走向的山脊线，堵住敌撤退之路。但这个计划，却被"飓风"特遣部队司令埃克尔伯格中将否决了。

17 日，亲临一线视察的"飓风"特遣部队司令埃克尔伯格中将从机场周围山岭的 1 个制高点用望远镜察看了进攻状况，他对美军的进攻战术不甚满意，决定叫停 18 日所有预定作战行动，给部队腾出一天时间进行重

■ 正在比阿克岛上作战的美军士兵。

组和休整，然后再动用第 162 步兵团和第 186 步兵团，于 19 日全力进攻。根据埃克尔伯格的计划，19 日的作战目标是西洞窟、周围据点式阵地和天水山到 320 高地间所有的制高点，预定进攻地带呈东南—西北走向，长约 1000 码、宽约 500 码，主攻手由第 186 步兵团担负：2 营和 3 营从西南和西面进攻，1 营从东面进攻。第 162 步兵团的任务是守住现有阵地。第 163 步兵团 3 营顶上一线，负责天水山北坡，尤其是 320 高地的守备，防范日军从北面反击 186 步兵团，解西洞窟之围。博洛库埃机场东北 1000 码的蛋形阵地和第 186 步兵团出发线左翼之间作为此次进攻的侧翼，和下一阶段向北和东北的进攻出发线。6 月 18 日抵达比阿克的第 34 步兵团负责默克梅机场防务，并担任"飓风"特遣部队预备队，准备在 186 团和 162 团完成第一阶段任务后立即实施超越攻击，占领博洛库埃机场和索里多机场。

6 月 18 日，美军仅实施有限巡逻，162 团和 186 团利用难得的一天时间，抓紧休整和重组，准备 19 日的进攻。当天，蛋形阵地被轻松拿下，除了少量日军散兵顽抗外，美军顺利占领目标。

黄昏时刻，第 186 步兵团各营进入集结区，做好了最后的准备，总攻时刻定为 6 月 19 日 09 点 30 分。届时，第 121、167、205、947 野战炮兵营将提供炮火支援，第 641 坦克歼击营 D 连和第 603 坦克连的 10 辆 M4 "谢尔曼"坦克负责提供伴随火力支援。

6 月 19 日 09 点 00 分，第 186 步兵团 2 营和 3 营在蛋形阵地集结完毕。因地形陡峭、植被密布，2 个营花了不少时间才进入预定攻击阵地。10 点 40 分，炮火准备一结束，2 营就以 F 连为左翼、E 连为右翼，G 连跟进，3 个连呈倒品字形，向西洞窟发起攻击。

11 点 05 分，仅遇零星步枪火力袭扰，F 连首先打到自日军据点式阵地起，沿西北通往 320 高地的公路。5 分钟后，E 连也踏上了公路。该营的目标是西洞窟左后方主山岭的一处狭长而崎岖的高地（简称第 1 高地）。当 E 连和 F 连共同向第 1 高地主峰冲击时，长谷川高射炮中队（90 毫米高射炮群）立即以猛烈的炮火封锁公路。尽管如此，两个连还是在 11 点 30 分拿下了高地主峰。2 营得手后，3 营迅速出击，有效地掩护了 2 营的左翼。

■ 在太平洋战区与M4坦克协同作战的美军步兵，拥有坦克支援是美军在太平洋的最大优势。

中午，纽曼上校命令1营向全团右翼的天水山南坡展开攻击、肃清残敌，然后再穿越公路和2营会合，准备完全截断西洞窟的退路，完成合围。

12点30分，1营开始执行清剿战。盘踞在天水山南坡的5中队残部和小泽大队一部无力再战，使1营轻松达成任务，和2营顺利会合，完成了对西洞窟的合围。

看到186步兵团进展顺利，埃克尔伯格中将决定展开第二阶段攻势，攻克西洞窟、索里多机场和博洛库埃机场！

当夜，埃克尔伯格中将下达了6月20日的进攻计划：第186步兵团在第162步兵团3营的配合下彻底剿灭天水山和西洞窟周围高地残敌，第162步兵团1营和2营向西洞窟发起总攻，第34步兵团拿下博洛库埃机场。

6月20日清晨，第162步兵团1营在第603坦克连两辆坦克支援下，向西洞窟发起攻击，结果发现第186步兵团早把该干的活都干完了——洞窟北面和西北高地盘踞的日军主力已被歼灭。

在推进过程，1 营仅遇少量散兵袭扰，就围住了洞窟，但周围的洞穴和岩缝仍埋伏着不少日军，他们用自动武器和步枪猛烈射击，使 1 营难以靠近洞口，只得向周围洞穴滚进汽油桶，然后用机枪打燃，用这种方式将逐一摧毁洞穴之敌。围绕洞口，双方激战一天，日军的阻击火力没有丝毫减弱，直到黄昏 1 营没能冲到洞口，只得在黄昏时刻退回出发阵地。与此同时，意识到大限将至的支队长葛目幸直大佐在当夜烧毁联队旗，准备率部做最后抵抗。

6 月 21 日，第 162 步兵团 1 营重新向西洞窟发起攻击，同时派兵肃清洞窟周围洞穴里盘踞的残敌。在喷火兵的支援下，步兵轻松完成了任务，将外围残敌全部肃清。从中午开始，1 营主力在第 603 坦克连 2 辆 M4"谢尔曼"坦克的掩护下，对包括西洞窟在内的 3 个大型洞穴隧道进行猛烈攻击。坦克群开到洞口朝里面猛烈开火，同时步兵也从洞外不断向里面投掷手榴弹和汽油桶。但西洞窟内的日军退入地道，用猛烈的火力封锁洞口，迫使美军不敢贸然进洞。除了在洞口胡乱往里扫射外，美军还对所有暴露在地面的地道通风口塞进汽油桶，然后命喷火兵点燃。尽管如此，日军的还击火力还是持续不断，美军无法进洞。双方在洞口的对射一直持续到傍晚，无奈的 1 营只得放弃战斗，再度撤回出发阵地。

此刻，比阿克支队已完全残废，虽然经过两天的血战，勉强地守住了西洞窟，但支队兵力所剩无几，充其量只能再支撑一天。看到形势如此绝望，支队长葛目大佐打算剖腹自尽，残部冲出洞窟进行玉碎突击，好在海军第 28 根据地队司令官千田贞敏少将、联队副官鹿野善藏大尉、第 1 大队长渡边嘉彦大尉极力反对，才打消了这个愚蠢的念头，并决定趁夜突围。出发前，大约 160 名无法行动的重伤员高喊万岁，拉响手榴弹集体自尽。剩余的官兵——联队本部 50 人、通信队 40 人、第 1 大队 40 人、其他 20~30 人，计 150~160 人，携带步枪、掷弹筒突围，在千田少将和葛目大佐率领下，依次突围。

6 月 21 日 21 点 00 分，残存的日军从西洞窟和周围洞穴涌出，向西北踏上公路，企图从第 186 步兵团战线向西面和北面突围。当日军逼近至美军阵前 50 码时，立即遭到 12.7 毫米机枪火力猛烈阻击，日军死伤惨重，除了少量人员趁乱逃出美军包围外，第一次突围以失败告终。午夜，日军又以掷弹筒火力开道，进行第 2 次突围。在 G 连 60 毫米迫击炮、12.7 毫米和 7.7 毫米机枪火力支援下，186 团消灭了大量日军，但千田少将一行人却逃出了包围。

04 点 00 分，葛目大佐领导剩余的日军，展开第 3 次突围。这一次，日军既没有用掷弹筒、也没用机枪，而是带足了手榴弹、上刺刀，悄悄地匍匐爬向美军阵地。待美军发现时，日军已经摸到了阵地前沿。说时迟那时快，美军还来不及组织火力拦阻，日军先头部队就一跃而起，冲进了美军阵地，双方在防线南面爆发了激烈的肉搏战。由于相距太近，G 连怕误伤，不敢打炮。不过，部署在第 186 步兵团防线西北端的 I 连 60 毫米迫击炮群却投入战斗，对防线南面阵地前沿进行猛烈的炮火拦阻，封锁日军第 2 梯队跟进。在迫击炮火力有效的间接支援下，美军依仗人数优势，血战半小时，再次给日军巨大杀伤，但葛目支队长一行人却还是逃出了包围。

清晨，第 186 步兵团开始扫荡防线东南，顺手歼灭了未及撤回、躲进路边草丛的日军散兵。根据美军统计，当晚共击毙日军 115 人、其中 109 人是在第 3 次突围中被击毙的，第 186 步兵团伤亡轻微，仅 1 人阵亡、5 人负伤。

清晨，第 162 步兵团又对西洞窟展开第 3 次进攻。这次，他们没有遇到什么抵抗，就逼近了洞口。就在这时，洞窟内地下道突然发生几次剧烈的爆炸。美军推测，这很可能是昨天汽油点燃的火焰蔓延到弹药库，并将其引爆所致。尽管如此，当美军试图进洞时，还是遭到了零星的火力阻击。为了彻底歼灭残敌，保障进洞安全，只能请来第 116 工兵团，在洞口引爆了 2 包 500 千克 TNT，1 名被震昏的日军钻了出来，立即被机枪火力打倒。15 点 55 分，洞窟内再无声响，于是第 162 步兵团 1 营报告彻底肃清了西洞窟守敌。

但美军显然太过乐观。6 月 22 日夜到 23 日凌晨，小股日军继续从西洞窟涌出，试图从 186 团和 162 团防线突围。当晚，仅第 162 步兵团 1 营就击毙了7名试图从洞窟朝320高地方向突围之敌。鉴于残敌仍存,第162步兵团1营决定继续清剿。但谁也没胆下洞搜索。在清剿的借口下下,1营就这么在洞口又"休整"了2天,直到6月27日,1营在第41反情报分队的支援下,才最终钻进了洞窟。

根据美军的记载,洞窟内的隧道填满了尸体,部分早已腐烂,发出阵阵恶臭,其中完整尸体仅125具,大量残腿、残胳膊、甚至半个脑袋残落在洞中的无法统计。

与此同时,第186步兵团也完成了天水山周围的扫荡,重创新近赶到比阿克的西原大队、彻底打残小泽大队,第34步兵团也几乎是兵不血刃地拿下了预定目标——索里多和博洛库埃机场,彻底结束了西洞窟和默克梅机场之战。时至今日,第863航空工兵团终于可以安心地进行机场的修复作业。从6月20日起,经过6天不懈努力,机场修复完毕。6月28日,第5航空军进驻默克梅机场。

→ 功成身退 ←

撤离西洞窟和机场地带后,比阿克支队残部向北转移到支队高地(位于主山岭背后的260高地至180高地之间山脊线),企图进行最后的抵抗。

6月27日,美军胜利地结束了机场周围的战斗。接着,美军继续以巡逻队往北搜索,寻找比阿克支队残部的踪迹,同时为北进做好准备。当天,第186步兵团1营巡逻队在支队高地附近遭到伏击。在战斗中,几名美军士兵为了打掉日军的火力点,从侧翼迂回爬上高地时却惊讶地发现,山脊上集结着大约1个大队规模的日军部队!于是,巡逻队赶紧撤退,将情况向上级汇报。接到报告,第41步兵师长杜埃准将立即准确判断出这是比阿克支队残部的集结地,如果不及时铲除他们,后果不堪设想!于是,杜埃准将命令第34步兵团1营和2营在次日向支队高地发起攻击,务求全歼。

28日,第34步兵团按计划向支队高地发动进攻,比阿克支队残部抵抗不

■ 在比阿克之战中立下了汗马功劳的第186步兵团团徽。

■ 第34步兵团团徽，该团在后期被调离了比阿克战场。

■ 第41步兵师徽。

住，只得再次放弃阵地继续北撤，但掩护主力转移的西原大队却被1营咬住，蒙受了巨大损失才勉强撤出。没有抓到比阿克支队的34团只得悻悻返回出发阵地。

没想到，美军刚一走，比阿克支队又回到支队高地。不过，此时的比阿克支队除了在东洞窟和埃布迪口袋阵守军外，已经没剩多少战斗力了。好在美军暂停了向支队高地的进攻，集中兵力扫荡东洞窟、埃布迪口袋阵和继续扫荡占领区周围残敌，这才使比阿克支队残部得以苟延残喘。

6月28日，看到比阿克战役大局已定，埃克尔伯格中将决定功成身退，乘飞机返回荷兰地亚，把"飓风"特遣部队司令一职交给了杜埃准将。另外，第41步兵师接到西南太平洋战区司令部通知，第34步兵团准备撤离比阿克，参加下一阶段作战。

尽管如此，杜埃准将仍把第34步兵团扣下2天，继续清剿占领区周围的日军。在28日—29日，第34步兵团先后扫荡了支队高地和天水山、西洞窟周围，共毙敌135人，圆满地完成了清剿任务后于6月30日离开了比阿克。

至此，机场周围的大规模战斗完全结束，还能对美军构成威胁的日军集团就只剩下东洞窟和埃布迪口袋的守军了。

→ 东洞窟之战 ←

6月27日西洞窟的陷落和6月30日第34步兵团的扫荡战顺利结束是比阿克战役的转折点，第5航空军终于可以安全进驻默克梅机场群，实施作战行动了。不过，东洞窟和埃布迪依旧在日军手中。虽然这两个地带对机场已经没什么威胁，但对博斯内克到机场群之间的公路依然能造成巨大威胁，日军不时对公路上行驶的车队进行火力袭扰和小群步兵攻击，虽未造成重大损失，但上述两阵地的存在却给美军交通运输带来巨大的威胁，必须拔除。

这两个阵地中，最重要的就是默克梅村北面、距主山岭主峰四分之三路程的东洞窟。和西洞窟类似，东洞窟也由两个大型洼洞群组成，这些洼洞口直径普遍在50英尺以上，个别甚至达到75~200英尺。战前，日军进行了艰苦的地下土工作业，把各个洼洞用地道连通。对海正面的山脊，洞穴、岩缝林立，日军利用这些洞穴屯驻了不少兵力和重武器。在主洞窟附近，日军还设立了两个观察哨，监视帕莱码头到默克梅机场东端的一举一动。在主洞窟背后，是通往天水山主峰的各坡，利用地势陡峭，日军在此建立了5个大型地堡群，部署了81~90毫米迫击炮、20毫米高射炮、重机枪群和大量的轻迫击炮，驻防东洞窟的是第17野战机场设定队、海军第19警备队、第222步兵联队第2迫击炮中队1个小队、第222步兵联队2、3大队少量步兵，总兵力约1000人，由第17野战机场设定队长南正则大佐统一指挥。

从5月27日登陆起到6月6日，东洞窟就一直以猛烈而准确的火力对各个方向逼近默克梅机场的美军进行火力拦阻，但却一直没有引起美军的注意。直到6月7日，美军才开始注意到这个潜在的威胁。当天，第186步兵团沿着主山岭向默克梅机场进行常规巡逻时，再次遭到东洞窟方面猛烈用迫击炮和机枪火力打击。接下来两天，第162步兵团2营向东推进时，也遭到东洞窟方面的迫击炮和机枪火力拦阻，自帕莱向西运动的第162步兵团一部同样受到东洞窟方面的炮火拦阻。为了打掉这个威胁，美军曾在6月9日到11日，从默克梅机场出发、向北朝东洞窟推进时，却并没有发现日军主阵地，无功而返。同一天，第163步兵团3营1个连从内陆平原向南朝东洞窟巡逻。这次巡逻，美军成功地找到了日军主阵地西翼，并摧毁了两挺机枪和两门迫击炮，击毙日军约 50 人。

不过，美军在当时最主要的任务是拿下默克梅机场周围高地，没有多余的兵力去攻打东洞窟。只是为了确保在进攻西洞窟和机场周围高地时，削弱东洞窟方面的日军支援火力，美军的榴弹炮、迫击炮和舰炮火力在这期间不断轰击东洞窟。从 6 月 7 日到 10 日，第 641 坦克歼击营 D 连 2 排 4.2 英寸迫击炮群就向东洞窟发射了超过 1000 发炮弹。6 月 9 日和 10 日，在默克梅海岸上陆的第 603 坦克连也加入到炮击行列。10 日，第 205 和第 947 野战炮兵营共同对东洞窟进行了一天的压制射击。6 月 11 日到 13 日，榴弹炮、迫击炮、坦克群和驱逐舰群对东洞窟继续进行间断炮击，但东洞窟依旧以猛烈的炮火袭扰海岸公路，给美军的补给运输造成了不小的威胁。在陆炮火力和舰炮火力压制的同时，第 163 步兵团 3 营一部也从东面和东北两面突入日军防线，探明了日军主阵地北翼。6 月 13 日中午，3 营出动兵力在炮火的支援下，成功摧毁了大部分日军火力点，使从博斯内克起程、满载补给的卡车队第一次毫发无损地抵达了默克梅机场。

6 月 14 日到 23 日，美军各型火炮继续对东洞窟进行间断打击，但日军仍不时袭扰海岸公路。6 月 24 日，从默克梅机场起飞的第 5 航空军之 B-25"米切尔"中型轰炸机，对东洞窟进行跳弹轰炸，虽然仅有少数炸弹飞进洞窟，但大部分炸弹都准确地击中洞窟附近半径不足 25 英尺的圆形地带，美军的

■ 美军拥有强大的后勤运输能力，一旦这种能力能够不受阻碍地发挥出来，战局便一定会倒向美军一方。

■ 太平洋战场上的美国105毫米榴弹炮。由于东洞窟洞口过小，即使消耗了数百枚105毫米炮弹，也没有给对方造成实质性打击。

成功轰炸，引发了东洞窟内部的几次爆炸，一连3天，东洞窟陷入沉寂。

6月27日，第542舟岸工兵团E连开始在默克梅村附近修建临时码头和一条通往默克梅村西北山脚的军用公路。6月29日，东洞窟日军发现了这个行动，于是又用迫击炮和机枪火力袭扰工兵。为了掩护工兵作业，美军不得不动用第641坦克歼击营D连和第603坦克连深入东洞窟，打了一次扫荡战。3天内，D连的4.2英寸迫击炮群就向各个可疑洞穴发射了超过800发迫击炮弹，但日军火力还是断断续续地袭击美军。第542舟岸工兵团E连为了自卫，干脆从步兵单位借来巴祖卡火箭筒，亲自上山巡逻，轰击可疑洞穴。这还没完，6月30日，第205野战炮兵营命令C连掉转炮口，全力轰击东洞窟，3天下来，又消耗了800多发105毫米榴弹。

尽管美军反复轰击、反复清剿，就是无法断根。恼羞成怒的第542舟岸工兵团干脆在7月3日全面停工，扛着机枪和巴祖卡火箭筒，在坦克的掩护下，钻洞穴、下地道，清剿日军（真是比进攻西洞窟的步兵还要勇敢）。一天打下来，发现3条地道，击毙12名日军，缴获2挺轻机枪。为了掩护工兵，第163步兵团E连奉命从默克梅村赶到东洞窟，进行拔点战斗。7月4日和5日，美军继续清剿。5日，第163步兵团E连1个排进入了一个大型洼洞，发现了大量的自动武器、迫击炮、步枪、各型弹药、口粮、被服、厨具和工兵装备。6日，美军决定实施心理战，在洞窟旁架起一个大喇叭，向剩余的残敌劝降。显然，日军所剩无几，当天仅发现10名日军，击毙8人。

根据日军方面记载，自6月28日起东洞窟方面残部就开始全面撤退。当天，第17野战飞行场设定队长南正则大佐自杀。自7月10日，东洞窟方面之敌全部撤完，仅剩不到40名伤病患继续坚持抗战。从理论上来说，他们已经构不成威胁了。

从7月10日起，东洞窟再度陷入沉寂。就在美军认为东洞窟战斗已经结束的时候，枪声再次响起。

7月15日，6名澳大利亚皇家空军人员上山寻找战利品时，在东洞窟附近遭到日军伏击，全部阵亡。美军闻讯大惊，立即出动步兵和坦克前往东洞窟地区，逐一搜查洞穴，清剿残敌并抢回澳军尸体。7月17日，美军抢回3

具尸体，并打掉了日军两个机枪火力点。20 日，美军再度搜山，找到了剩余的尸体，并最终肃清了残存的日军，彻底荡平了东洞窟。

接着，美军再接再厉，摧毁了第 222 步兵联队 3 大队主力，彻底夺取了埃布迪口袋。

面对战局的彻底崩溃，罪责深重的比阿克支队长葛目大佐于 7 月 2 日羞愧自尽，千田少将也被迫离开比阿克。至 7 月 30 日，支队高地完全失守，战前拥有 1 万多人的比阿克支队经过 60 天的激战，阵亡近 4000 人，饿死、病死和自决者达 5000 之众，仅有不到 1000 人健在。在代理支队长大森正夫少佐的命令下，剩下的 1000 多人编为 6 队——大森队（230 人）、小泽队（几十人）、西原队（285 人）、上野队（第 222 步兵联队 1 大队代理大队长上野三郎大尉，200 人）、引地队（第 222 步兵联队 2 大队代理大队长引地一男中尉，400 人）和龟井队（第 222 步兵联队 3 大队代理大队长龟井幸悟中尉，400 人）——分散在全岛各地边自力更生、边坚持所谓的"百年抗战"。

至此，比阿克岛上的要地已全部落入美军之手。虽然北部山地仍在日军手中，但胜负已定。接下来，美军的主要任务就是确保要地的安全和进山剿敌。

⇥ 谢幕 ⇤

自 7 月中旬起，担负机场群北部守备任务的第 186 步兵团开始沿着索里多－克里姆湾公路进行反复扫荡，拉开了清剿战的序幕。从 7 月 14 日到 7 月 28 日，第 186 步兵团一共进行了扫荡，每次都毙敌几十人，但日军南下的小规模袭扰却始终没有中断，有时候甚至单兵抱炸药来袭。虽然这些袭扰无关痛痒，但却着实恼人。为了彻底剿灭比阿克支队，美军决心发起比阿克战役中的最后一次大规模作战。

8 月 2 日，第 163 步兵团 2 营乘坐机械登陆艇（由第 542 舟岸工兵团操纵），在克里姆湾登陆。8 月 7 日，美军第 162 步兵团 2 营沿着索里多—克里姆公路向北发起攻击，和 163 团 2 营南北对进，夹击公路沿线守敌。但比阿克支队早已放弃了所有据点，逃进深山老林去也，美军的行动犹如大炮打蚊子，除了击毙 17 名日军散兵外，几乎没有发现有组织的抵抗。8 月 15 日，美军完全控制了索里多 – 克里姆公路，8 月 17 日，第 186 步兵团 1 营（欠 B 连，得到 E 连加强）在沃多湾登陆。这样，比阿克岛北部要地也全被美军占领，比阿克支队和外界的联系彻底断绝，只得逃进深山老林，白天与饥饿、疾病为伍，夜晚只能在梦乡中做着杀敌的美梦，再也没敢离开山区半步。比阿克之战，美军终于赢了。

8 月 20 日，美军正式宣布比阿克之战结束。为了这场来之不易的胜利，美军付出了巨大的牺牲。从 5 月 27 日到 8 月 20 日，"飓风"特遣部队在比阿克共阵亡 474 人、负伤 2428 人、非战斗伤亡 7234 人。其中，第 41 步兵师作战阵亡 325 人、负伤 1700 人。战果方面，美军宣称从 5 月 27 日到 8 月 20 日共击毙日军 4700 人、俘虏 220 人，救出 600 名爪哇和印度劳工，并解放了 2 名日军被羁押的 2 名中国人和 1 名关岛土著人（在关岛因从事反日活动被日军逮捕关押到比阿克，恰被美军所救）。

虽然比阿克之战牺牲不小、且未赶上马里亚纳战役，但却对日后的帕劳群岛战役做出了卓越的贡献。不仅如此，比阿克战役的结束，也标志着麦克阿瑟完全跳出了新几内亚大陆，正式踏上了反攻菲律宾的道路。

进入 9 月，美军开始逐步撤离比阿克，仅留下少量部队驻防机场等要地，保护第 5 航空军比阿克分遣队的安全。这一时期，美军无心进山围剿，比阿克出现了难得的平静，比阿克支队残部也得以苟延 4 个多月。

■ 第 17 侦察营在比阿克设立的营地。

■ 主要战斗结束后，美军将比阿克滩头阵地扩建成了一座庞大的码头。

1945年1月，随着美军登陆吕宋岛，第5航空军驻岛部队全部向菲律宾转移，岛上的守备重任交给了荷兰军，比阿克岛的枪声又响了起来。

这些一直没能上前线打仗的荷兰军，为了发泄怒气，一上岛就找来当地土著。在长达8个多月中，他们几乎是不知疲倦的组织大兵力封山围剿，击毙大量日军，更多的日军因封锁被饿死和病死。比阿克支队的日子是越来越难过。看样子，要是再熬一年的话，恐怕剩余的日本兵也要变成人干了！但是，就在他们认为末日来临之际，却突然传来一个惊人的消息，最终使比阿克支队残部获得了重生——日本投降了！

1945年9月2日，日本正式宣布无条件投降。接着，第2方面军和第2军也先后放下武器，向荷澳美联军投降。随后，第2军军使松本文太郎少佐、搜索队长泉圭大尉乘飞机从马诺夸里前往比阿克，进山劝降，结果却悲惨地发现，原来一万一千多人的比阿克支队，最后只有86人幸存，时任支队长的是第2炮兵中队长松山静雄中尉。在这86人中有83人隶属于222步兵联队，3人是第36、第14师团海上运输队，除了以上人员和美军在作战中俘虏的220人，加起来一共300来号人外，其他人员全部死亡。惨烈的比阿克战役终于画上了句号。

比阿克支队战斗序列

第222步兵联队（满员3964人、约3500人在比阿克）

第36师团通信队一部（20人）

第36师团辎重队一部（25人）

第36师团海上运输队一部（约300人）

第36师团野战病院一部（163人）

第36师团防疫给水部一部（33人）

第36师团经理勤务部一部（61人）

第2军筑城部一部（7人）

野战高射炮第49大队3中队

第 24 电信联队一部（65 人）

第 24 师团海上运输队 1、3 中队（325 人）

第 17 野战机场设定队（639 人）

第 107 野战机场设定队（146 人）

第 108 野战飞行场设定队（106 人）

独立自动车第 248 中队一部（50 人）

特设建筑勤务第 50 中队一部

建筑勤务第 69 中队

特设陆上勤务第 41 中队（53 人）

野战作井第 5 中队（100 人）

第 5 移动器材班（38 人）

第 12 移动器材班（41 人）

患者运输第 87 小队（53 人）

第 2 军野战兵器厂支厂（110 人）

第 2 军野战自动车厂支厂（33 人）

第 2 开拓勤务队（1482 人）

疟疾防疫班一部

第 10 野战宪兵队一部

第 47 停泊场司令部支部（14 人）

浑作战

　　5 月 27 日，美军登陆比阿克后，南方军立即启动了比阿克决战方案，下令海上机动第 2 旅团在西南方面舰队的协助下，通过舰艇输送前往比阿克，实施反登陆作战，配合比阿克支队歼灭来犯之敌。不过，西南方面舰队的实力和第 7 舰队相比没有绝对优势，因此舰队司令长官高须四郎大将和南方军总司令官

■. 西南方面舰队司令长官高须四郎大将。

寺内寿一元帅向联合舰队司令部和陆海军大本营提交了自己的作战方案，希望获得联合舰队的全力支援：

1. 动用两艘战列舰配合西南方面舰队的舰艇运输。

2. 第16战队["青叶"、"鬼怒"、"大井"、第19驱逐队（"浦波""敷波"）]和"严岛"将海上机动第2旅团送往索龙。然后，大型巡洋舰突入马诺夸里，驱逐舰突入比阿克。

最初，大本营和联合舰队比较谨慎，没有立即同意。但不久，比阿克方面传来捷报，称28日—29日的战斗给予美军重创，准备发动大反击，将敌赶下大海。受此影响，大本营和联合舰队都认为这是开战以来从未有过的良好局面，决心把握战机，集中海陆大军在比阿克聚歼美军。在这个背景下，大本营和联合舰队一致批准了西南方面舰队和南方军的联合议案，将这次行动定名为"浑"号作战（另有一个攻击马朱罗环礁的"雄"计划，但未曾实施）。

5月29日夜，联合舰队司令长官丰田副武大将下达"浑"号作战命令：

联合舰队第102号作战电令：

浑部队指挥官第16战队司令官（左近允尚正少将）

运输队：第16战队司令官第16战队（重巡"青叶"、轻巡"鬼怒"，驱逐舰"浦波"和"敷波"）、敷设舰"严岛"

■ "鬼怒"号轻巡洋舰。

警戒队：第5战队司令官第5战队（"妙高""羽黑"）和4艘驱逐舰。

间接护卫队："扶桑"旗舰"扶桑"号战列舰和2艘驱逐舰

1. 浑部队在三宝颜搭载海上机动第2旅团，5月31日在达沃集结，补给由指挥官所定行动。

2. 第5基地航空部队指挥官所辖之第3空袭部队担负本次作战支援：

（1）对含荷兰地亚在内的新几内亚北岸进行空中侦察。

（2）压制瓦克德岛和荷兰地亚的航空基地。

（3）攻击并压制比阿克岛附近来犯之敌。

3. 西南方面舰队司令长官负责策应本次作战。

5月30日11点00分到12点00分，浑部队运输队在司令官左近允尚正少将率领下从婆罗洲的塔拉坎出发，警戒队和间接护卫队从塔威塔威出发，共同朝三宝颜前进，第1次浑作战正式拉开序幕。

与此同时，南方军总司令官也向海上机动第2旅团下达了向比阿克进发，指挥关系从第14军转属第2军的命令（威作命第50号）。5月31日，浑部队风尘仆仆地赶到了三宝颜。结果发现运力不够，只得在当天匆忙下令"津轻"号、第127号特种运输舰、驱潜37和38号参战。但是，这些舰只无法及时赶到，海上机动第2旅团只能分成2个梯队依次开进。第一梯队由旅团司令部、机动第1大队、旅团机关炮队、旅团通信队、机动第3大队、战车队（坦克已在先前运输中损失殆尽，坦克兵充当步兵上阵）、工兵队、卫生队组成，兵力约2300人；第2梯队由机动第2大队和勤务部队组成，兵力约2000人。

6月1日，浑部队运载着海上机动第2旅团第1梯队先行赶到达沃。在这里，陆海军双方代表召开作战会议，拟订浑作战细节。对这次作战极为重视的南方军派出了和知副总参谋长为首的幕僚团与会。经过讨论，会议决定第1梯队于6月2日黄昏出发，4日晚突入比阿克，登陆点为沃多湾或克里姆湾；第2梯队先行转移到马诺夸里，然后再乘大发向比阿克进发。会上，南方军堀场参谋要求与海上机动第2旅团同行，参加这次壮烈的决战，但被和知副总参谋长拒绝，总参谋长饭村中将也亲自拍来电报，严令堀场参谋不得上舰。

这里提一个小插曲，在出发的装载过程中，海军发现号称精锐决战骨干部队的海上机动第2旅团竟然连基本武器都有巨大的缺额！上次运输丢了1个战车中队（9辆95轻型坦克）不说，武器弹药也遗失了一大堆。为了临时给他们补充武器，浑部队只得把各舰陆战队的几乎全部家当——100支三八式步枪、子弹6000发、6挺大正11年式轻机枪和8万发机枪子弹拨给海上机动第2旅团，尽管如此，还是有部分武器缺口无法补足。望着这些所谓的"精锐"，浑部队官兵的士气当场就泄了一半，比阿克支队都难赢，难到上这些人就能赢吗？悬！真是悬了！

6月2日18点45分，带着惴惴不安的情绪，浑部队运载着海上机动第2旅团第1梯队从达沃起航，开往比阿克。

与此同时，美军也没有闲着。虽然运输队从塔拉坎起航未被察觉，但从塔威塔威出发的间接护卫队和警戒队却被持续监视周围海域的第5航空军和美军潜艇发现。接到报告，西南太平洋战区司令部情报部门立即进行分析，得出的结论却是日军船团的目的地应是帕劳群岛，"阿拉莫"部队（负责萨尔米—瓦克德和比阿克战役）的情报部门也表示："敌海军不太可能出兵比阿克。"

6月1日，第5航空军在对达沃的空中侦察中发现了在港内集结的十二三艘日军舰只，同时情报部门也通过截获的电报得知日军计划向比阿克派遣海上机动第2旅团的消息，但他们仍固执地认为在达沃集结船团目的是为帕劳群岛或新几内亚西部，运送补给或增派援军，

■ 作为美国海军在二战期间最得力的侦察手段，浑作战船队也是被PBY水上侦察机发现的。

但绝不会是比阿克。然而，接下来的事态发展却让他们大跌眼镜。

6月3日，当浑部队航行至塔劳群岛附近时，被第7舰队的1艘潜艇发现。接着，从瓦克德岛起飞的1架海军PBY"卡塔林娜"水上飞艇接手，继续跟踪浑部队，并不断将其航向、航速和位置回报总部。

接到报告，西南太平洋战区司令部意识到大事不好！直到这时，情报部门才准确判断出日军船团的目标是比阿克，抵达时间为6月4日夜到5日凌晨！这下子，美国人慌了！根据潜艇和PBY的报告，日军船团里既有巡洋舰，也有战列舰！而比阿克外海停泊的美军护航舰队根本不是对手，急得美国人直抓狂——如果挡不住他们，不仅海上机动第2旅团可以轻松登陆，待在博斯内克外海的美军船团也会完蛋，战局的主动权就会重新回到日本人的手中！怎么办？情急之下，第7舰队司令金开德少将只能铤而走险，命令克拉利奇少将率手下所有机动舰只——1艘重巡洋舰、3艘轻巡洋舰和10艘驱逐舰组成一支小型特混舰队，从荷兰地亚出发，急如星火地赶赴比阿克外海。

这时，第5航空军也接到肯尼中将的命令，要不惜一切代价阻止日军船团进入比阿克外海！虽然做出了力所能及的一切，但金开德明白，要想挡住日军船团，仅靠着这群乌合之众是不可能的，除非上帝显圣！

■ 时任美国第7舰队司令的金开德将军。面对日本海军的浑部队，原本他根本无力阻挡。

但万能的上帝却着实偏爱美国人，就在他们惊慌失措的时候，联合舰队突然下令暂停浑作战！

6月3日11点00分，浑部队电告联合舰队司令部，在哈马黑拉东北（北纬3度41分、东经128度32分）向东航行时和两架B-24接触。接到电报，联合舰队司令部认为浑部队已经暴露，考虑到第5航空军熟练的跳弹轰炸，没有战斗机掩护的浑部队必定成为活靶子。于是，联合舰队司令长官丰田副武大将在20点25分命令左近允少将暂停浑作战：

联合舰队第115号作战电令（6月3日20点25分发）

暂停实施浑作战，各队依照下列指示行动：

1. 第5战队和间接护卫队立即归建。

2. 运输队（增加第27驱逐队）暂往索龙停靠，待时机成熟再继续实施浑作战。

与此同时，第2方面军司令官阿南惟几大将也接到了115号作战电令的副本。对这次作战期望甚高的阿南大将怒火中烧，一边致电联合舰队司令部提出强烈抗议，一边致电左近允少将，要求他不惜一切代价继续实施作战，增援比阿克！

但此刻，浑部队已经分别撤回索龙和塔威塔威，正在卸载，驱逐舰群也返回安汶加油。如要出动，最早也得等到6月5日凌晨，第一次浑作战就这么稀里糊涂的结束了。

由于美军已牢牢掌握战区制空权，日军决定改用驱逐舰运输。为此，第27驱逐队开到索龙，加强浑部队运力。6月5日13点23分，联合舰队司令部以参谋长的名义下达了实施第2次浑作战的命令：

鉴于比阿克方面危急的战况，必须立即实施浑作战。考虑到水上兵力增强极为困难，故依下列方案实施作战：

1. 视敌情、天候和我方航空攻击状况，抓住机会断然运输。

2. 登陆点必须选择能避开与敌交战的地点，为了缩短登陆时间、限制搭载量，必要时可分两次运输。

3. 考虑适当的分散运输。

4. 抓住时机派巡洋舰往马诺夸里运兵。

■ 从1943年起，B-25采取的跳弹轰炸成了日本海军最大的噩梦。

5.所需补给由第二永洋丸指挥官负责。

接到命令，浑部队指挥官左近允少将立即拟订第2次浑作战计划：

动用6艘驱逐舰（3艘组成运输队、3艘组成警戒队）对比阿克实施第一次运输。

1.登陆预定时刻：6月8日23点00分。

2.上陆点：克里姆湾。

3.运输人员：合计约600人，物件若干。

根据这个计划，海上机动第2旅团第1梯队预定分4轮登陆。在旅团长玉田少将的命令下，机动第1大队长北源井二少佐率600名精兵参加第1次运输。

6月8日03点00分，左近允少将带着6艘驱逐舰（"春雨""时雨""五月雨""白露""敷波""浦波"）从索龙起航，沿着沃尔格库普半岛轮廓，朝东北航行，正式开始第2次浑作战之旅。

第2次浑作战一开始就不顺利。

出发没多久，舰队就被1架B-24盯上。预想中的空中打击很快来临。

正午时刻，17架B-25"米切尔"式中型轰炸机在7架P-38"闪电"式战斗机的掩护下，蜂拥而至，对驱逐舰群施展拿手的跳弹轰炸。从13点30分到13点45分，B-25整整肆虐了15分钟。在他们有效的攻击下，警戒队的"春雨"号驱逐舰（第27驱逐队旗舰）沉没，司令白滨政七大佐以下约100人战死，"白露"号挨了1枚命中弹。

尽管蒙受了不小的损失，但浑部队仍在前进！21点45分，舰队接到侦察机报告，称美军4艘战列舰、4艘巡洋舰和8艘驱逐舰正在比阿克北方海域西方航行！这股美军正是前面提到从荷兰地亚赶来拦截的特混舰队。虽然美军舰队中并没有战列舰，但在兵力对比上，却对浑部队形成了绝对优势。

面对如此强敌，左近允少将有些踌躇了，用进亦忧、退亦忧来形容他此刻的心情是再适合不过的了。恰逢此时，急于参战的机动第1大队长北井源二少佐通过传话筒向所部下达了紧急命令：

1. 比阿克战况到了生死关头。

2. 大队于22点00分在比阿克上陆。

3. 登陆部队做好逐次换乘的准备。

看到陆军如此斗志昂扬，左近允少将被感染了，决定继续直闯，期待奇迹的到来。但幸运女神已经抛弃了日本人。当他们行驶至索埃皮奥里岛以北40公里（距克里姆湾不到25公里）时，突然和美军舰队迎面相遇。好在日军猫眼早在12公里开外就发现了对手，才得以及时掉头。即便如此，美军舰队也在炮瞄雷达引导下进行了准确的远程射击。负责断后的27驱逐队（"时雨"号和"五月雨"号）边打边撤，却被冲在最前面的"弗莱彻"号驱逐舰（DD-445）咬住，双方隔着万米距离对轰。这场远程炮战打了2个多小时，"时雨"号中弹2发、7死15伤，"五月雨"号挨了1发靠近弹，1死3伤，美军毫发无损。不过，急于撤退的日军先敌掉头，最终载着北井大队安全撤出战场，于6月10日11点28分在索龙靠岸，第2次浑作战又以失败告终。

■ 在拦截第2次浑作战中表现出色的"弗莱彻"号驱逐舰。

连续两次作战的失败和比阿克战局的急转直下，让陆军对浑作战的实施变得越来越迫切，恰在此时，第 1 航空舰队的侦察能手千早猛彦大尉于 6 月 5 日驾驶"彩云"舰侦在马朱罗环礁发现了停泊的美军航母特混舰队，继而又在 6 月 9 日的侦察行动中发现美军航母特混舰队已经离去。接到报告，联合舰队司令部终于松了口气，美军出来了。

为了将美军航母特混舰队引诱至第一决战海域（帕劳群岛至比阿克一带），联合舰队司令长官丰田副武大将于 6 月 10 日 00 点 13 分下令实施第 3 次浑作战：

联合舰队第 127 号作战电令

1. 第 1 战队（"大和""武藏"）、第 2 水雷战队（"能代"和驱逐舰队）编入浑部队，浑部队指挥官由第 1 战队司令官（宇垣缠中将）担任。

2. 浑部队按下列方案执行作战：

（1）歼灭比阿克方面增援之敌，并炮轰比阿克和欧维岛登陆之敌。

（2）抓住机会，向比阿克运送海上机动第 2 旅团。

3. 准备发起"阿"号决战，特令浑作战继续进行，尽可能将敌机动部队诱至预定决战海域。

4. 其他部队在浑作战期间按先前拟订的陆海军相关协定行动。

当天 16 点 00 分，宇垣缠少将率第 1 战队和第 2 水雷战队雄赳赳、气昂昂地在第 1 机动舰队全体官兵的欢送下从塔威塔威起航，12 日 08 点 00 分抵达第 3 次浑作战预定出发地——巴占岛（Batjan）。预定参加第 3 次浑作战的阵容庞大，犹如牛刀杀鸡：

■ "妙高"号重巡洋舰。

巴占岛集结部队：

攻击队（第1战队司令官、浑部队指挥官宇垣缠中将）：

第1战队（"大和""武藏"）、第5战队（"妙高""羽黑"）、第2水雷战队（"能代""岛风""冲波"）、第10驱逐队（"朝云""风云"）

运输部队（指挥官：第16战队司令官左近允尚正少将）

第1运输队第16战队（"青叶""鬼怒"）、第4驱逐队（"山云""野分"）

补给部队："第二永洋九"

附属："荣邦丸""三宅""千珠""隼"等4艘运输船

索龙集结部队：

第2运输队："严岛"、"津轻"、第30号扫海艇、第36号和第37号驱潜艇、第127号特种运输舰

刚一到位，雷厉风行的宇垣缠中将就召集陆海军主要负责人拟订出了第3次浑作战草案：

浑作战计划

1. 军队区分

攻击队：第1、第5战队、第2水雷战队、第10驱逐队

第1运输队：第16战队（"青叶""鬼怒"）、第19驱逐队（"敷波""浦波"）、第4驱逐队（"山云""野分"）

搭载量："青叶"800人、物资800立方米，"大发"1艘，"鬼怒"800人、物质400立方米，"小发"3艘，驱逐舰各搭载150人，物资40立方米，"大发"1艘。

第2运输队：

第一梯队："津轻"、第30号扫海艇

第二梯队："严岛"、第127号特种运输舰、第36、37号驱潜艇

2. 作战概要

1. 攻击队于X日07点00分和第1运输队会合，于X日22点00分突入克里姆湾和沃多湾。

2. 第1运输队于X-1日进入索龙，X日01点00分出发。

3. 第 2 运输队第 1 梯队于 X-1 日 07 点 30 分从索龙出发，前往马诺夸里。

4. 第 2 运输队第 2 梯队于 X 日 02 点 00 分从索龙出发、X 日 22 点 00 分进入马诺夸里。

然而，幸运女神已不再垂青日本人。正当宇垣中将准备雄心勃勃大干一场的时候，中部太平洋方面却传来了噩耗——6 月 11 日，美军航母特混舰队突然出现在马里亚纳群岛外海，接着对塞班、提尼安、关岛、罗塔岛等进行猛烈轰炸。接到报告，大本营立即紧张起来。一开始，陆军判断："这是美军为引开日军对比阿克的注意力而进行的牵制作战。"联合舰队却没敢下定论，只是对美军的行动提出三种可能：1. 直接登陆马里亚纳群岛。2. 穿过马里亚纳群岛继续西进，对绝对国防圈内任意一点实施机动打击。3. 在马里亚纳进行牵制空袭，然后突然出奇兵于北方战场。若是第一和第二种场合，则立即发动"阿"号决战，第 3 种场合以陆军应战，联合舰队继续进行浑作战。但事态的发展却越发严重起来。6 月 12 日，美军的轰炸强度丝毫没有减弱

■ 紧随比阿克之战而来的马里亚纳海战使日本海军彻底丧失了航空战能力，注定了绝对国防圈的崩溃，以及整个日本的败局。

的趋势。下午，美军甚至派扫雷艇在塞班沿海扫雷，同时以战列舰部队实施猛烈的对岸轰击，这一切正是美军实施登陆作战的先兆！

毫无疑问，塞班岛才是美军的目标！于是，联合舰队司令长官丰田副武大将从13日17点27分起，连续发布3道命令，下令中止浑作战，全力实施"阿"号决战：

联合舰队第146号作战电令（13日17点27分发）

准备实施"阿"号决战

联合舰队第147号作战电令（13日17点32分发）

中止浑作战，第1战队（"欠长门"）、第5战队、第2水雷战队（"能代""岛风""冲波"）、第10驱逐队、第4驱逐队（"山云""野分"）归建。

联合舰队第152号作战电令（13日19点13分发）

西南方面舰队司令长官负责浑部队（欠第1机动舰队派遣兵力）和第3空袭部队继续进行澳北方面作战。

6月13日22点00分，第1战队带着第2水雷战队撤离巴占岛，北上和第1机动舰队会合，第3次浑作战流产。

尽管第1战队等主力撤出，但第2方面军司令官阿南大将和西南方面舰队司令长官高须四郎大将还是决心依靠第16战队继续实施第4次浑作战！可，刚过2天，又传来美军在塞班岛登陆的消息。为了集中兵力应付塞班决战，大本营决定彻底叫停浑作战。

6月15日18点05分，联合舰队司令部向西南方面舰队司令长官高须四郎大将下令取消浑作战：

根据大本营陆海军部决定，彻底取消陆军海上机动第2旅团前往比阿克的运输作业，并着令其增强索龙防务，但第3空袭部队和第16战队应抓住时机继续攻击敌攻略部队和增援部队，极力支援比阿克的持久战。

接到命令，西南方面舰队司令长官高须四郎大将于16日16点07分电告左近允少将："解除海上机动第2旅团前往比阿克的运输任务、解散浑部队。"

至此，虎头蛇尾的浑作战终告结束。

英国皇家海军命运攸关的十五年

卷1：通往战争之路，1904—1914 \ 卷2：从一战爆发至日德兰海战前夕，1914—191
卷3：日德兰海战及其之后，1916.5—12 \ 卷4：危机的一年，1917
卷5：胜利与胜利之后，1918—1919

继阿尔弗雷德·马汉"海权论"三部曲之后
又一"里程碑式"的伟大著作
破解英国皇家海军在二战中骤然衰落之因

为学识和文采带来巨大考验的"战争背后的战争"写法
研究个人特质能在多大程度上对历史施加影响

巴里·高夫感慨

"现在已没有人能如此优雅地书写历史"